A-Z EXETER

Reference

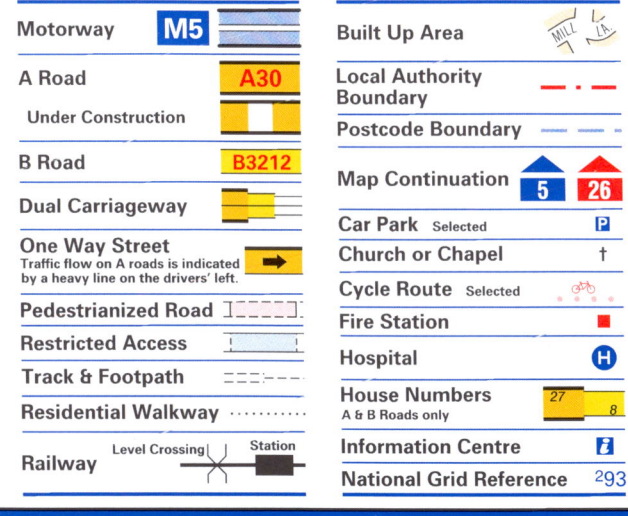

Motorway	M5
A Road	A30
Under Construction	
B Road	B3212
Dual Carriageway	
One Way Street	
Traffic flow on A roads is indicated by a heavy line on the drivers' left.	
Pedestrianized Road	
Restricted Access	
Track & Footpath	
Residential Walkway	
Railway	Level Crossing / Station
Built Up Area	
Local Authority Boundary	
Postcode Boundary	
Map Continuation	5 / 26
Car Park Selected	P
Church or Chapel	†
Cycle Route Selected	
Fire Station	
Hospital	H
House Numbers A & B Roads only	27 / 8
Information Centre	i
National Grid Reference	293
Police Station	▲
Post Office	★
Toilet with facilities for the Disabled	
Educational Establishment	
Hospital or Health Centre	
Industrial Building	
Leisure or Recreational Facility	
Place of Interest	
Public Building	
Shopping Centre or Market	
Other Selected Buildings	

Scale

4 inches (10.16cm) to 1 mile
6.31cm to 1 km
1:15,840

Geographers' A-Z Map Company Ltd.

Head Office: Fairfield Road, Borough Green, Sevenoaks, Kent TN15 8PP Tel: 01732 781000 (General Enquiries & Trade Sales)
Showrooms: 44 Gray's Inn Road, London WC1X 8HX Tel: 020 7440 9500 (Retail Sales)
www.a-zmaps.co.uk
Based upon Ordnance Survey mapping with the permission of the
Controller of Her Majesty's Stationery Office. © Crown Copyright (399000) All rights reserved.
EDITION 2 1999   EDITION 2A (Part Revision) 2000   Copyright © Geographers' A-Z Map Co. Ltd.

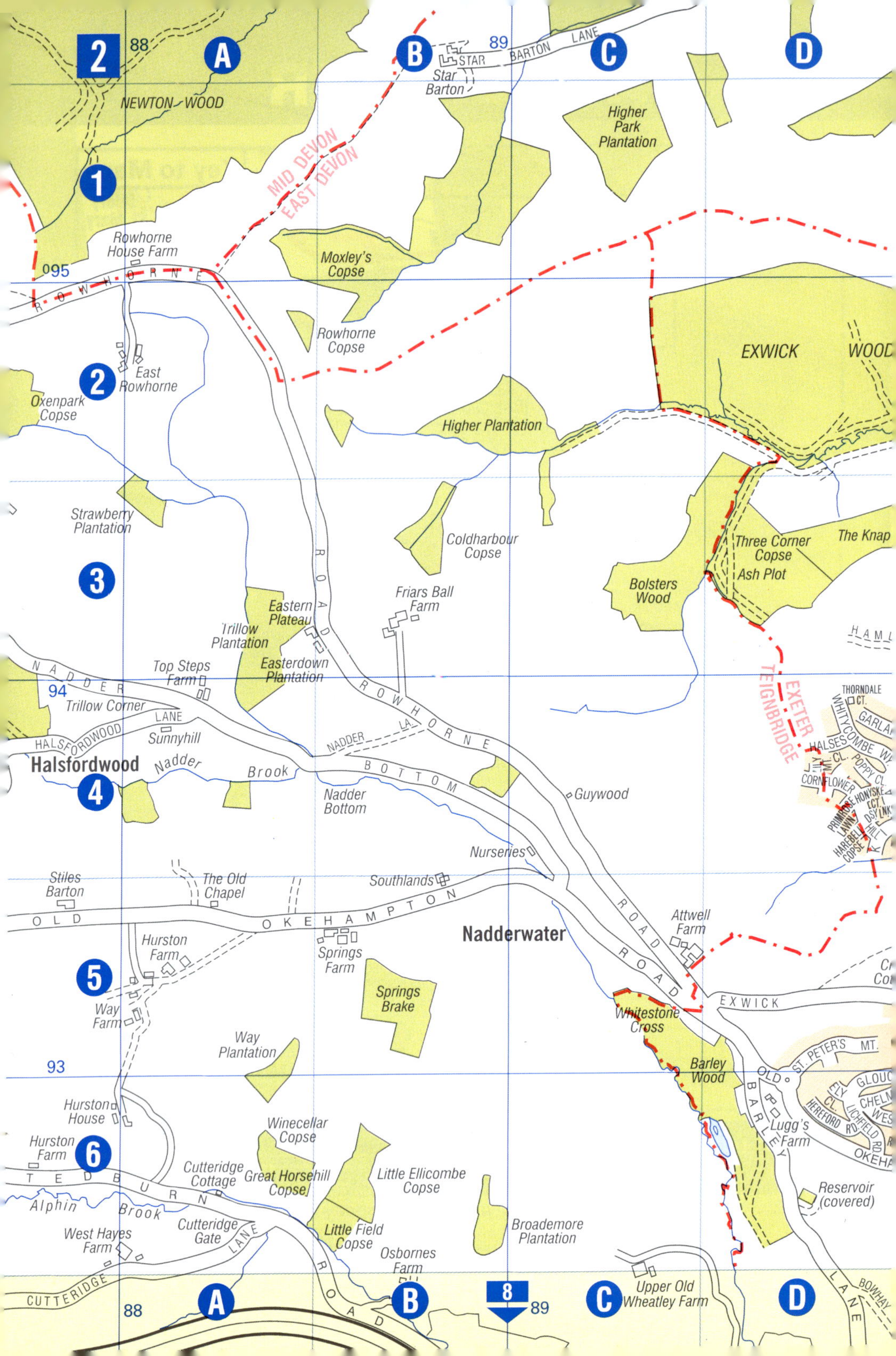
2
88
89
A
B
C
D
NEWTON WOOD
STAR BARTON LANE
Star Barton
Higher Park Plantation
MID DEVON
EAST DEVON
1
Rowhorne House Farm
095
ROWHORNE
Moxley's Copse
Rowhorne Copse
EXWICK WOOD
East Rowhorne
Oxenpark Copse
Higher Plantation
Strawberry Plantation
3
Coldharbour Copse
Three Corner Copse
The Knap
Ash Plot
Bolsters Wood
Friars Ball Farm
Eastern Plateau
Trillow Plantation
ROAD
HAML
Top Steps Farm
Easterdown Plantation
ROWHORNE
EXETER
TEIGNBRIDGE
NADDER
94
Trillow Corner
LANE
HALSFORDWOOD
Sunnyhill
NADDER LA.
Halsfordwood
Nadder Brook
BOTTOM
Guywood
4
Nadder Bottom
Nurseries
Stiles Barton
The Old Chapel
Southlands
OLD OKEHAMPTON
Nadderwater
Attwell Farm
Hurston Farm
Springs Farm
ROAD
5
Springs Brake
EXWICK
Way Farm
Whitestone Cross
Way Plantation
Barley Wood
93
Hurston House
Winecellar Copse
Lugg's Farm
Hurston Farm
6
BARLEY
TEDBURN
Cutteridge Cottage
Great Horsehill Copse
Little Ellicombe Copse
Reservoir (covered)
Alphin Brook
Little Field Copse
Broademore Plantation
West Hayes Farm
Cutteridge Gate
LANE
Osbornes Farm
Upper Old Wheatley Farm
CUTTERIDGE
ROAD
LANE
BOWHAY
8

3
E
F
G
H
1
2
3
4
5
6
290
91
92
095
94
93
Cowley
Sewage Works
ST. ANDREW'S RD.
CREDITON A377 RD.
STOKE A396 RD.
Barton Place Wood
Barton Place (Hostel)
Barton Place Farm
Hidden Valley
Cowley Bridge
WREFORD'S LA.
WREFORD'S DR.
WREFORD'S
LANE
Bellenden
BELLE VUE RD.
Rose Cottage
Bellevue Farm
Pennsylvania Picnic Site
EAST DEVON
EXETER
Exwick Weir
River
COWLEY
GREENACRES
RIDGEWAY
GARTH
ROAD
MEAD
VUE
WEST
Play. Fld.
CHERRY TREE
WOODLEIGH CL.
ALLINGTON
BELLE
Cottage Farm
ROAD
ARGYLL
Argyll Gdns.
Sundown Gardens
Thomas Hall
Exwick Barton
Creedy
RIVER
Weirs
The Cottage
The Oaks
Duryard Halls of Residence
Duryard
Duryard Grange
ARGYLL
BELVIDERE
Higher Hoopern Farm
Reservoir (covered)
Eco. Lab.
EXE
Exwick
BRIDGE
COPPLESTONE DR.
HIGH CROFT
Grassway Wood
Playing Field
UNIVERSITY OF EXETER (STREATHAM CAMPUS)
Botanic Gardens
Weirs
Halwill
Sports Hall
PARK RD.
Leat
EX4
GLENTHORNE RD.
KING EDWARD ST.
GRAFTON
CLYDESDALE
Birks Halls of Residence
Mardon Hall
MARDON HILL
STOCKER
NORTH
Amory Building
RENNES DR.
ROAD
Northcott Theatre
Shop. Cen.
Reed Hall
Great Hall
Hatherly Lab.
Lib.
QUEEN'S DRIVE
PERRY RD.
Exwick Mills
LANE
HILL
A377
NEW
ROAD
LODGE
HILL
STREATHAM
Knightley
RUSHFORTH PL.
LIFFEY RISE
GUINNESS LA.
KINGSWOOD CL.
HOWARD CL.
KINNERTON CT.
MOORLAND
WAY
EXE VW. COTTS.
STATION RD.
Red Cow Village
PRINCE OF WALES
Taddiforde
Brook
Hoopern Valley
St. David's
Pav.
Devon County Cricket Grd.
Higher Barracks
Exwick
BURRATOR DR.
DRIVE
VALLEY RD.
OLD BAKERY CL.
WESSEX EST.
Exeter St. Davids
BONHAY
B3183
ELMBROOK
THORNLEA
VELWELL
LINDEN VALE
Exwick Mid. Sch.
GLOUCESTER RD.
KNOWLE
ROWAN
FAIRHAZEL DR.
NEW VALLEY
Cleve House
Foxhayes First Sch.
PINE AV.
Exwick Play. Flds.
ATTWILL'S ALMSHOUSES
Exeter College
Bury Mdw.
H.M. Prison
Remand Home
BLACKALL
ROAD
CANTERBURY RD.
TRURO DR.
CYPRESS DR.
CHESTER
PETERBOROUGH RD.
WINCHESTER
MILDMAY CL.
TAVISTOCK RD.
Offices
HELE RD.
NORTH
Clock Tower
Exeter Central
LONGBROOK TER.
Northernhay Gdns.
GUILDFORD CL.
EDINBURGH DR.
NORWICH
COVENTRY RD.
CLEVE RD.
ENNERDALE WY.
SIMEY CL.
RIVER
EXE
Playing Fields
Ten. Cts.
Sports Ground
Crown Ct.
Castle
Univ. Mus.
Coll.
26
LINCOLN
ST. ALBANS CL.
Foxhayes
Exwick Cemetery
EXETER
Comm. Cen.
Sch.
Lib.
HADRIAN DR.
ADDISON CLOSE
GUYS
ROAD
Mount Dinham
Weir
A377
ROCKSIDE VS.
Exeter Coll.
IRON BRIDGE
Shop. Cen.
ANTONINE CR.
ROAD
ASHLEIGH
HIGHER
WELLPARK CL.
ASHLEIGH CL.
Sch.
Valley
Weir Way
Cathedral
The Close
Redhills
REDHILLS CL.
BARLEY
HACCOMBE CL.
REDHILLS
LANDHAYS RD.
LAKELANDS DR.
9
Play. Fld.
EAGLE COTTS.
ROAD
Hall
Sch.
BARLEY MOUNT
OKEHAMPTON
WESTERN

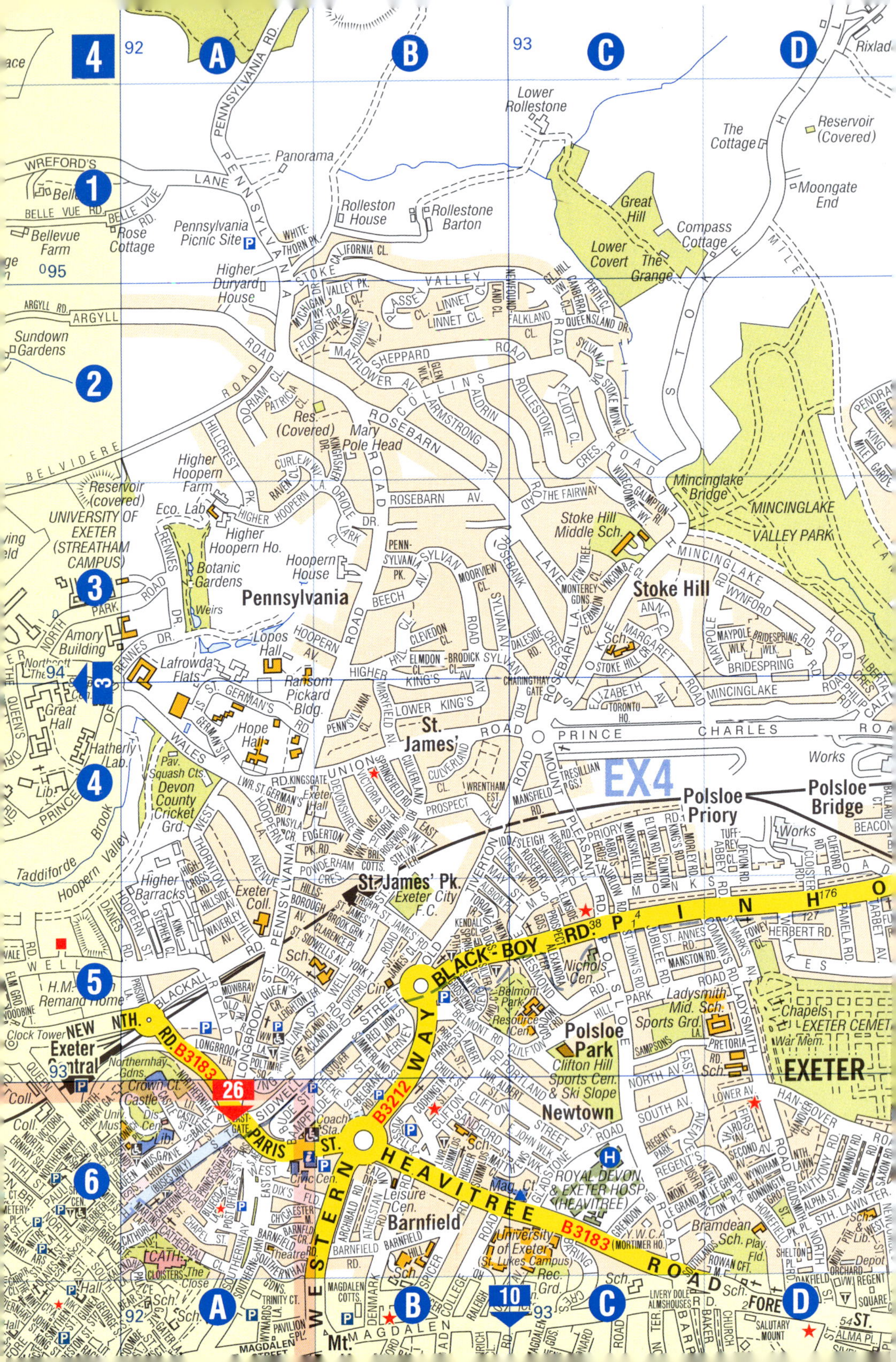
4
92
93
A
B
C
D
1
2
3
4
5
6
Rixlade
Lower Rollestone
Reservoir (Covered)
The Cottage
Moongate End
Panorama
Rolleston House
Rollestone Barton
Great Hill
Compass Cottage
Lower Covert
The Grange
WREFORD'S LANE
BELLE VUE RD.
Bellevue Farm
Rose Cottage
Pennsylvania Picnic Site
PENNSYLVANIA RD.
WHITE-THORN PK.
Higher Duryard House
STOKE VALLEY ROAD
ARGYLL RD.
Sundown Gardens
CALIFORNIA CL.
MAYFLOWER AV.
SHEPPARD ROAD
COLLINS ROAD
ROSEBARN AV.
ROSEBARN LANE
Res. (Covered)
Mary Pole Head
BELVIDERE ROAD
Higher Hoopern Farm
Reservoir (covered)
UNIVERSITY OF EXETER (STREATHAM CAMPUS)
Eco. Lab
Higher Hoopern Ho.
Hoopern House
Botanic Gardens
Weirs
Pennsylvania
Amory Building
Northcott Theatre
Lafrowda Flats
Lopes Hall
Ransom Pickard Bldg.
Great Hall
Hatherly Lab.
Lib.
Hope Hall
PRINCE OF WALES RD.
Pav. Squash Cts.
Devon County Cricket Grd.
Exeter Hall
Taddiforde Brook
Hoopern Valley
St. James'
STOKE HILL
Stoke Hill Middle Sch.
Stoke Hill
Mincinglake Bridge
MINCINGLAKE VALLEY PARK
MINCINGLAKE ROAD
BRIDESPRING
PRINCE CHARLES ROAD
EX4
Works
Polsloe Priory
Polsloe Bridge
St. James' Pk. Exeter City F.C.
Higher Barracks
Exeter Coll.
H.M. Remand Home
Exeter Central
Clock Tower
NEW NTH. RD. B3183
BLACK BOY RD.
PINHOE ROAD
WESTERN WAY B3212
26
PARIS ST.
HEAVITREE ROAD B3183
Crown Ct.
Castle
Lib.
Coach Sta.
Civic Cen.
Leisure Cen.
Barnfield
Nichols Cen.
Belmont Park Resource Cen.
Polsloe Park
Clifton Hill Sports Cen. & Ski Slope
Newtown
Ladysmith Mid. Sch.
Sports Grd.
Chapels
EXETER CEMETERY
War Mem.
EXETER
ROYAL DEVON & EXETER HOSP. (HEAVITREE)
University of Exeter (St. Lukes Campus)
Rec. Grd.
Bramdean Sch.
Play Fld.
Y.W.C.A. (MORTIMER HO.)
CATHEDRAL
The Close
Theatre
MAGDALEN ST.
MAGDALEN RD.
FORE ST.
SALUTARY MOUNT
10

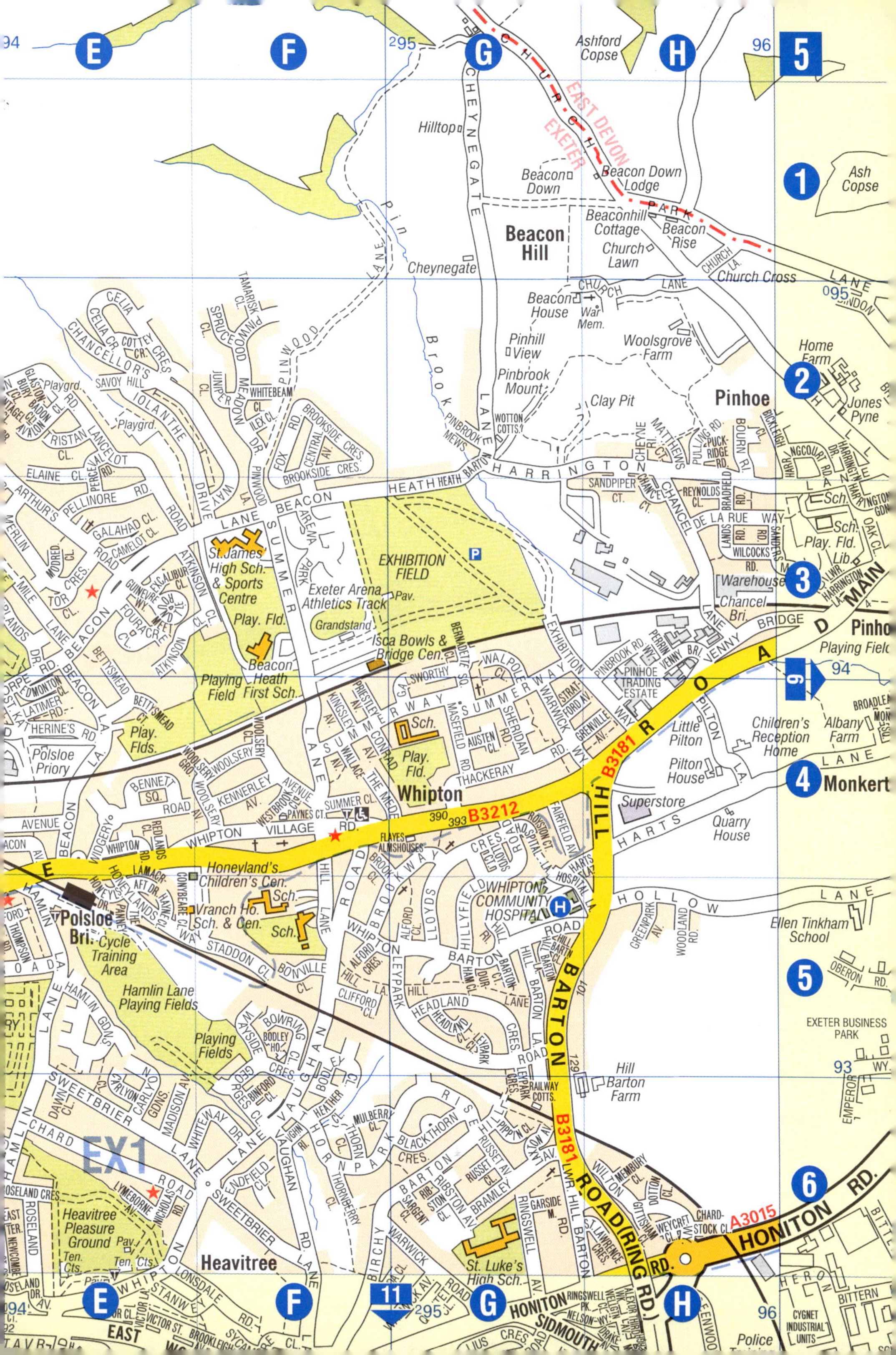
5
E
F
G
H
1
2
3
4
5
6
Ashford Copse
Hilltop
EAST DEVON
EXETER
CHURCH
Beacon Down
Beacon Down Lodge
Ash Copse
Beacon Hill
Beaconhill Cottage
Beacon Rise
Church Lawn
Cheynegate
CHEYNEGATE
PARK
Church Cross
CHURCH LA.
LANE
Beacon House
War Mem.
CHURCH LANE
Pinhill View
Pinbrook Mount
Woolsgrove Farm
Clay Pit
Home Farm
Jones Pyne
Pinhoe
PIN LANE
BROOK LANE
PINBROOK MEWS
WOTTON COTTS.
HARRINGTON
HEATH BARTON
CHEYNE CL.
MATTHEWS CT.
PULLING RD.
PUCKRIDGE RD.
BOURN RI.
BICKLEIGH CL.
SANDPIPER CT.
CHANCEL CT.
REYNOLDS CL.
BRADFIELD RD.
DE LA RUE WAY
CHANCEL LANE
WILCOCKS RD.
Sch.
Play. Fld.
Lib.
Warehouse
Chancel Bri.
MAIN ROAD
Pinhoe Playing Field
CELIA CR.
COTTEY CRES.
CHANCELLOR'S
SAVOY HILL
IOLANTHE
TAMARISK CL.
SPRUCE CL.
PINWOOD MEADOW
JUNIPER CL.
WHITEBEAM CL.
ILEX CL.
PINWOOD LA.
FOX RD.
BROOKSIDE CRES.
CENTRAL AV.
Playgrd.
TRISTAN CL.
LANCELOT RD.
PERCEVAL RD.
ELAINE CL.
PELLINORE RD.
ARTHUR'S ROAD
GALAHAD CL.
CAMELOT CL.
MERLIN
MODRED CL.
TOR CRES.
TOR CL.
GUINEVERE WY.
EXCALIBUR CL.
ROUND TABLE MEET
FOURACRE CL.
ATKINSON CL.
MILE LANE
BEACON LANE
BEACON HEATH
SUMMER LANE
ARENA PARK
St. James High Sch. & Sports Centre
Play. Fld.
EXHIBITION FIELD
Exeter Arena Athletics Track
Pav.
Grandstand
Isca Bowls & Bridge Cen.
Beacon Heath First Sch.
Playing Field
BETTYSMEAD
Play. Flds.
Polsloe Priory
EDMONTON
LATIMER RD.
KATHERINE'S RD.
BEACON LA.
WOOLSERY GRO.
WOOLSERY AV.
WOOLSERY CL.
KENNERLEY AV.
WESTBROOK CL.
AVENUE
BENNETT SQ.
ROAD
GALSWORTHY SQ.
BERNADETTE CL.
WALPOLE CL.
SUMMER WAY
KINGSLEY AV.
PRIESTLEY AV.
MASEFIELD RD.
CONRAD AV.
WALLACE AV.
THE MEDE
Sch.
Play. Fld.
AUSTEN CL.
SHERIDAN RD.
WARWICK RD.
STRATFORD AV.
GRENVILLE AV.
THACKERAY
Whipton
EXHIBITION WAY
PINBROOK RD.
PERRIN WY.
VENNY BRI.
VENNY BRIDGE
PINHOE TRADING ESTATE
ROAD
B3181
Little Pilton
Pilton House
PILTON LA.
Children's Reception Home
Albany Farm
LANE
Monkerton
Superstore
HARTS
Quarry House
94
9
AVENUE
WIDGERY
WHIPTON RD.
REDLANDS CL.
WHIPTON VILLAGE RD.
PAYNES CT.
SUMMER CL.
390
393
B3212
FLAYES ALMSHOUSES
BROOK CL.
BROOKWAY
CRES.
LLOYDS CT.
ROAD
ROYSTON CT.
FAIRFIELD AV.
HOSPITAL LA.
HARTS LA.
HILL
HOLLOW LANE
WHIPTON COMMUNITY HOSPITAL
Honeyland's Children's Cen.
Sch.
Vranch Ho. Sch. & Cen.
Sch.
Polsloe Bri.
Cycle Training Area
HAMLIN LA.
THOMPSON RD.
STADDON CL.
BONVILLE CL.
HILL LANE
ALFORD CRES.
WHIPTON LA.
LEYPARK
HILLYFIELD RD.
BARTON RD.
HILL BARTON RD.
HEADLAND CRES.
HEADLAND CL.
CLIFFORD CL.
GREENPARK AV.
WOODLAND RD.
Ellen Tinkham School
OBERON RD.
EXETER BUSINESS PARK
93
EMPEROR WY.
Hamlin Lane Playing Fields
Playing Fields
HAMLIN GDNS.
CARLYON GDNS.
MADISON AV.
WAYSIDE CRES.
BOWRING CL.
BODLEY HO.
BODLEY CL.
BIRCHY BARTON HILL
HEATHER CL.
MULBERRY CL.
THORN CL.
BLACKTHORN CRES.
RISE
RUSSET AV.
RUSSET CL.
PIPPIN CL.
LAXTON AV.
Hill Barton Farm
RAILWAY COTTS.
BARTON ROAD (RING RD.)
B3181
101
129
SWEETBRIER LANE
DAWN CL.
WHITEWAY DR.
GEORGES CL.
BINFORD CL.
VAUGHAN RD.
THORNPARK RI.
THORNBERRY
EX1
CHARD ROAD
LYMEBORNE AV.
NICHOLAS RD.
Heavitree Pleasure Ground
Ten. Cts.
Pav.
ROSELAND CRES.
ROSELAND AV.
Heavitree
WHIPTON LA.
LONSDALE RD.
STANWEY
SWEETBRIER LANE
ST. LUKE'S High Sch.
GARSIDE RD.
RINGSWELL AV.
LWR. HILL BARTON RD.
ST. LAWRENCE CRES.
WILTON CL.
MEMBURY CL.
DOTTON CL.
GITTISHAM CL.
WEYCROFT CL.
CHARDSTOCK CL.
A3015
HONITON RD.
HERON RD.
BITTERN RD.
CYGNET INDUSTRIAL UNITS
Police
96
295
11
HONITON RD.
SIDMOUTH
EAST

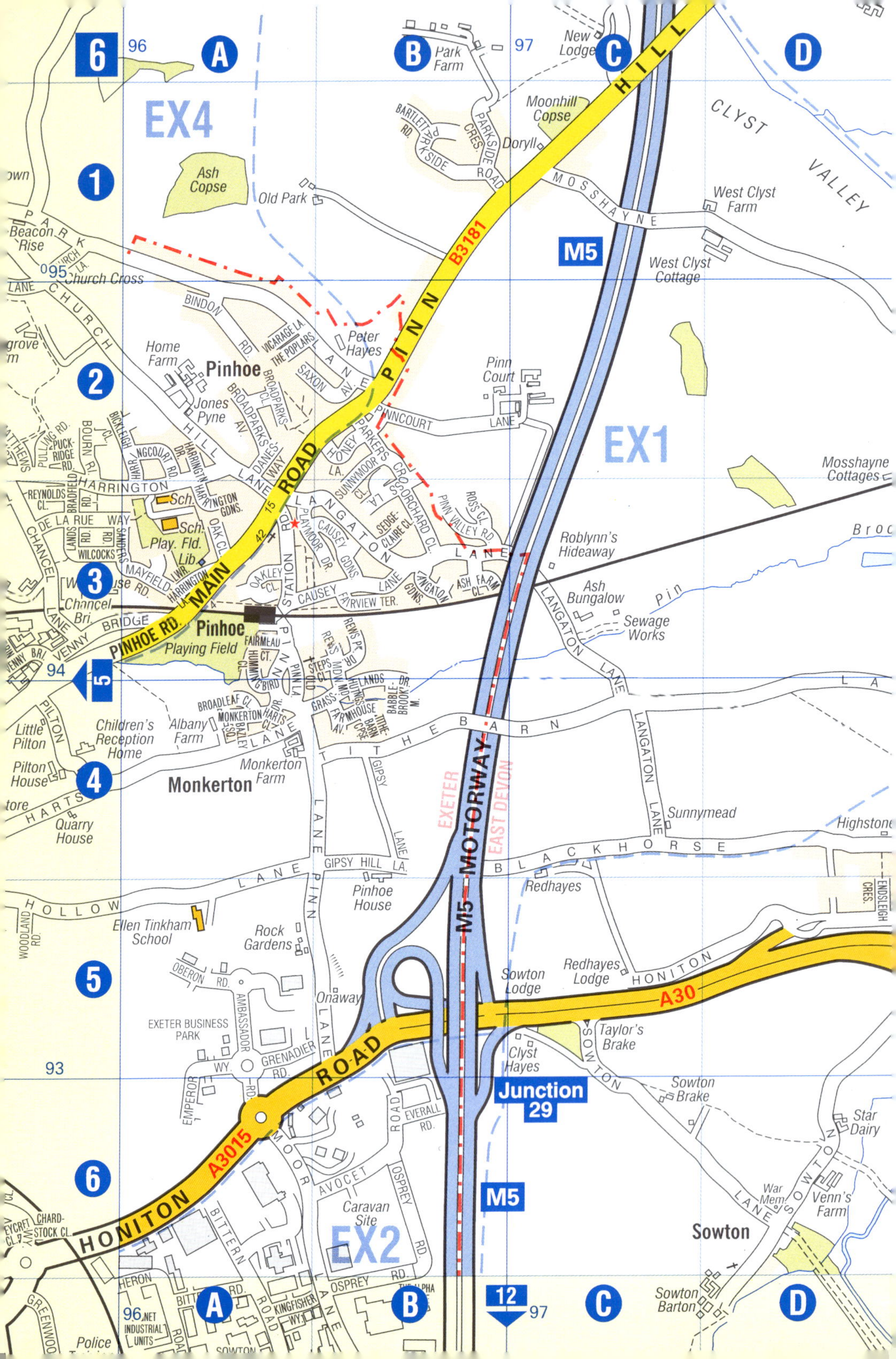
EX4
EX1
EX2
Pinhoe
Monkerton
Sowton
Ash Copse
Old Park
Park Farm
New Lodge
Moonhill Copse
Doryll
CLYST VALLEY
West Clyst Farm
West Clyst Cottage
Beacon Rise
Church Cross
Peter Hayes
Home Farm
Jones Pyne
Pinn Court
Mosshayne Cottages
Roblynn's Hideaway
Ash Bungalow
Sewage Works
Pinhoe Playing Field
Chancel Bri.
Little Pilton
Pilton House
Children's Reception Home
Albany Farm
Monkerton Farm
Quarry House
Sunnymead
Highstone
Redhayes
Pinhoe House
Ellen Tinkham School
Rock Gardens
Onaway
EXETER BUSINESS PARK
Sowton Lodge
Redhayes Lodge
Taylor's Brake
Clyst Hayes
Junction 29
Sowton Brake
Star Dairy
War Mem.
Venn's Farm
Caravan Site
Sowton Barton
NET INDUSTRIAL UNITS
Police
PINN HILL
MAIN ROAD
PINHOE RD.
B3181
MOSSHAYNE
M5
MOTORWAY
EXETER
EAST DEVON
TITHE BARN
BLACKHORSE
HONITON
A30
HONITON ROAD
A3015
HOLLOW LANE
GIPSY HILL LA.
PINN LANE
LANGATON LANE
SOWTON LANE
VENNY BRIDGE
CHURCH HILL
HARRINGTON
DE LA RUE WAY
STATION RD.
CAUSEY LANE
PINNCOURT LANE
OBERON RD.
AMBASSADOR RD.
GRENADIER RD.
EMPEROR WY.
MOOR LANE
EVERALL RD.
AVOCET
OSPREY RD.
BITTERN
HERON RD.
KINGFISHER WY.
ENDSLEIGH CRES.
Pin
Broc
A
B
C
D
1
2
3
4
5
6
93
94
95
96
97
12

Map: Broadclyst Station / Clyst Honiton (EX5)

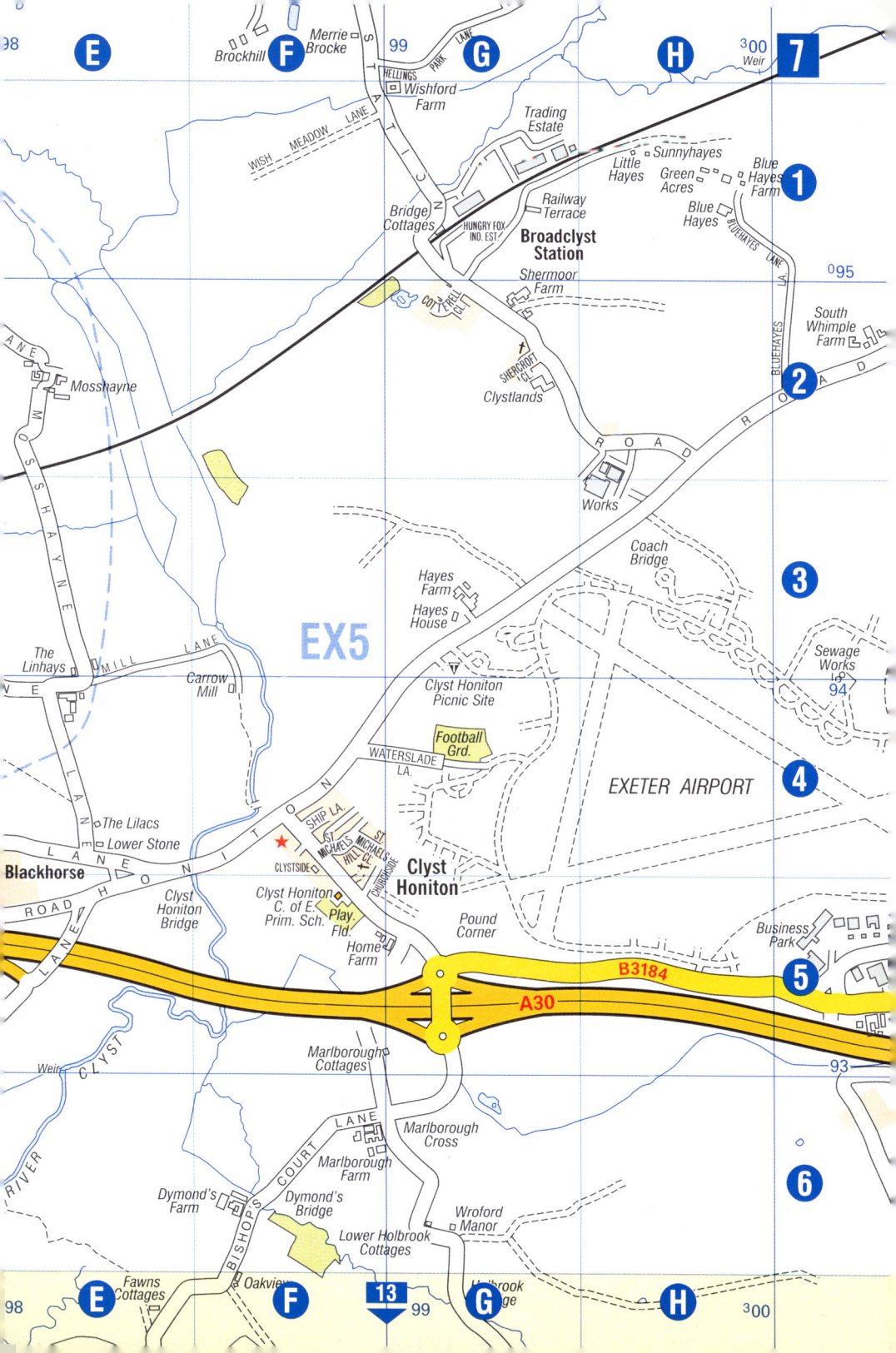

Grid references (top): E 98 · F 99 · G · H 300 · 7

Grid row 1
- Brockhill
- Merrie Brocke
- STATION PARK LANE
- HELLINGS
- Wishford Farm
- Trading Estate
- Little Hayes
- Sunnyhayes
- Green Acres
- Blue Hayes Farm
- Blue Hayes
- 300 Weir

Grid row 2
- WISH MEADOW LANE
- Bridge Cottages
- Railway Terrace
- HUNGRY FOX IND. EST.
- Broadclyst Station
- Shermoor Farm
- COTTERELL CL.
- SHERCROFT CL.
- Clystlands
- BLUEHAYES LA.
- South Whimple Farm
- BLUEHAYES ROAD
- 095

Grid row 3
- Mosshayne
- MOSSHAYNE LANE
- Works
- Coach Bridge
- Hayes Farm
- Hayes House
- Sewage Works
- 094

Grid row 4
- The Linhays
- Carrow Mill
- MILL LANE
- **EX5**
- Clyst Honiton Picnic Site
- WATERSLADE LA.
- Football Grd.
- EXETER AIRPORT

Grid row 5
- The Lilacs
- Lower Stone
- HONITON
- SHIP LA.
- ST. MICHAELS HILL / CL.
- CHURCHSIDE
- CLYSTSIDE ★
- Clyst Honiton C. of E. Prim. Sch.
- Play. Fld.
- Home Farm
- Clyst Honiton
- Pound Corner
- Business Park
- **Blackhorse**
- Clyst Honiton Bridge
- **B3184** / **A30**

Grid row 6
- Weir
- RIVER CLYST
- Marlborough Cottages
- Marlborough Cross
- Marlborough Farm
- 093

Grid row 7
- Dymond's Farm
- Dymond's Bridge
- Lower Holbrook Cottages
- Wroford Manor
- Holbrook
- BISHOPS COURT LANE

Grid references (bottom):
- 98 · E · Fawns Cottages · Oakview · F · 99 · **13** · G · H · 300

Alphin Brook
Cutteridge
CUTTERIDGE
LANE
Little Field Copse
Osbornes Farm
Broademore Plantation
2
Upper Old Wheatley Farm
(covered)
A30
DUNSFORD ROAD
Whorley Pin Plantation
Burnets Brakes
BARLEY LANE
NADDER PARK RD.
BOWHAY
92
Eastwood
Eastdown Plantation
Nadder Brook
EX4
WESTWOOD
Clattercleave House
West Wheatley Farm
Wheatley
LARSON PL.
THE QUARRIES
Silverland Copse
Clattercleave Copse
Providence Court Farm
Barley Lane Sch.
Yonder Brake
Charlista
Cross Hall
BLACK HAT LANE
Little Valley
EXONIA PARK
Webby's Farm
EX6
FIRS PARK
Pocombe Bridge
Steep Acres
Mar-Cliff
B3212
DOCTORS WLK.
91
Mark's Cross
Mark's Farm
Hazeldene
LONGDOWN ROAD
SCRATCH FACE LANE
Tree Tops
Haynes Farm
Baker's Hill
Chillies Copse
COLLEGE LANE
Seven Acre Plantation
HAYNES LANE
New Buildings
FORDLAND BOTTOM ROAD
Fordland Brook
Ide
Haynes Copse
THE HAMS
HENDY PL.
THE GREEN
WESTOWN ROAD
Ide Brake
Rainbow Brake
West Town Farm
Earles Court
STATION LANE
Weir
Cobbe Ho.
OLD VICARAGE CL.
HIGH STREET
ST. IDA'S CL.
Pynes Cottages
Pollards Hill Brake
90
Whiddon Cottages
HALSCOMBE
LANE
DUNCHIDEOCK
Halscombe
WHIDDON
Whiddon Farm
Whiddon Cottages
IDESTONE LANE
88
89
MAR

Redhills
Dinham
EXETER
E
F
G
H
3
91
92
90
Weir
BONHAY RD.
A377
OKEHAMPTON ROAD
REDHILLS
BARLEY MOUNT
BUDDLE LANE
WARDREW ROAD
ISLEWORTH RD.
MEADOWS
PRESCOT RD.
NEWMAN RD.
BOWHAY LA.
BARLEY FARM RD.
BERKSHIRE
DORSET AVENUE
HAMPSHIRE CL.
WILTSHIRE CL.
SUSSEX CL.
SOMERSET AVENUE
ESSEX CL.
DUNSFORD
B3212
COWICK STREET
COWICK LANE
ROAD
St. Thomas
St. Thomas Pleasure Grd.
St. Thomas Cowick Barton Playing Field
Pleasure Gardens
County Grd. Stadium
FRANKLYN HOSP.
BROADWAY
PARKWAY
HILL
ALPHINGTON ROAD
ALPHINGTON ST.
WESTERN WY
FRIARS GREEN
Larkbeare
Haven Banks
INDUSTRIAL ESTATE
GX Superbowl
Leisure Cen.
EXE
RIVER
Quay
Mus.
Foot Ferry
Depot
26
Works
Factory
Garage
Offices
Warehouse
MARSH BARTON
RETAIL PARK
OLD MARKET CL.
10
MARSH TRADING
St.Thomas High Sch. Play. Fld.
Ide House
Saw Mill
Ide Bridge
Underwood
Ball's Farm
BALLS FARM ROAD
Cloon
The Briars
Nursery
Oak Marsh Farm
Ford
Alphin Brook
IDE LANE
OLD IDE LA.
Ide First School
EX2
A30
A377
ALPHINGTON SPUR
CHURCH RD.
B3123
ALPHIN BROOK RD.
Club Cricket Ground
Playing Field
Alphington
Alphington Bri.
Sch.
Play. Fld.
CHAPEL
CHUDLEIGH ROAD
WILLSDOWN RD.
TEIGNBRIDGE
EXETER
POLEHOUSE LANE
HAM LANE
Silverlands
Elldor
Montego
Barnfield House
1
2
4
5
6
14

A
B
C
D
1
2
3
4
5
6
4
93
92
91
90
9
15
26
Barnfield
Mt. Radford
Friars Green
Larkbeare
Haven Banks
EXETER
St.Leonard's
Wonford
Higher Wear
Knowle Hill
Matford Brook
Barnfield House
WESTERN WY.
MAGDALEN STREET
HOLLOWAY STREET
TOPSHAM
A3015
FORE
B3183
HEAVITREE RD.
ALPHIN BROOK RD.
B3123
HENNOCK RD.
BAD HOMBURG WAY
Exeter School
Playing Fields
EXETER NUFFIELD HOSP.
ROYAL DEVON & EXETER HOSPITAL (WONFORD)
Ambulance Control Centre
Hospice
WONFORD HOUSE HOSPITAL
Devon County Hall
Inland Revenue Office
Wyvern Barracks
T.A.V.R Centre
Bradley Rowe Schs.
University of Plymouth (Exeter Campus)
The Priory High Sch.
St. Loyes School
St. Loyes College
Millbrook Cottage
Sports Ground
Crematorium
Northbrook Park
Duck's Marsh
Mill Race
Salmonpool Bridge
Incinerator
Grace Road Playing Field
Bramham's Farm Playing Field
Flood Channel
St. James's Weir
Salmon Pool
Trew's Weir
Gas Works
Nursery
Superbowl
CITY INDUSTRIAL ESTATE
MARSH BARTON TRADING ESTATE
Club Cricket Ground
Livestock Centre
MATFORD BUSINESS PK.
Park & Ride
Double Lock
Cycle Track
Valley Flood Channel
EXE
RIVER
Exeter Canal
Towing Path
Alphin Bri.

11
5
295
16
295
E
F
G
H
E
F
G
H
1
2
3
4
5
6
12
94
96
92
91
90
EX1
EX2
Heavitree
Heavitree Pleasure Grd.
Heavitree Rd.
St. Luke's High Sch.
HONITON ROAD
CHARD-STOCK CL.
WEYCROFT
HERON ROAD
BITTERN
CYGNET INDUSTRIAL UNITS
HERON INDUSTRIAL UNITS
Police Training Centre
Civil Defence H.Q.
MIDDLE MOOR DRIVE
HAMILTON
SOWTON IND EST.
FALCON
Park & Ride
Digby & Sowton
STREET EAST
WONFORD
HILL
HONITON ROAD
B3183
SIDMOUTH RD.
(RING-ROAD)
A.V.R. Cen.
WHIPTON
VICTOR CL.
VICTOR ST.
STANWEY
LONSDALE RD.
BROOKLEIGH AV.
SYCAMORE CL.
SWEETBRIER LA.
BIRCHY BARTON HILL
WARWICK AV.
QUINTET CL.
RINGSWELL AV.
RINGSWELL PK.
NELSON WY.
DRAKE AV.
GLENMORE RD.
AVONDALE RD.
MAYFIELD RD.
ATTWYLL AV.
LETHBRIDGE RD.
WILFORD RD.
CHICHESTER HO.
COATES RD.
BRITTEN DR.
GRAINGER CL.
STANFORD RD.
BROADFIELDS RD.
SULLIVAN RD.
WALTON RD.
DELIUS CRES.
ELGAR CL.
PURCELL CL.
BYRON RD.
HARDY RD.
BADGER CL.
Southam
St. Peter's C. of E. High Sch. & Sports Centre
Play. Fld.
Pav.
Sports Ground
Hotel
SIDMOUTH
QUARRY LANE
Peninsula House
SAUNDERS AV.
GLAVE
BIRKETT
MAMHEAD RD.
TRENTBRIDGE SQ.
EDGBSTN MD.
RYDON PARK CARAVAN PARK
Park & Ride
HEATH RD.
ALLERVALE CL.
BEVERLEY CL.
PLUMTREE
FARM CL.
Walter Daw First Sch.
GILBERT AV.
GARDEN CL.
CLIFF CL.
QUARRY PARK ROAD
SPINNEY CL.
MEAD
VARCO SQ.
GRECIAN WY.
MILLER
LANSDOWNE
CARLTON RD.
WHITCHURCH AV.
WOODWATER LA.
BUTTS ROAD
HOKER RD.
WONFORD RD.
SALTERS RD.
RUTH
ERFORD
TUCKFIELD CL.
PERYAM
CORONATION RD.
WILLOW CT.
RIFFORD
LUDWELL
St.Loye's
Chestnut Avenue Nursery Sch.
CHESTNUT AV.
SILVER BIRCH CL.
Wonford Sports Cen.
Play. Fld.
Mushroom Farm
Nurseries
LUDWELL LANE
ASPEN CL.
PARKLAND DR.
CAMPION GDNS.
BETONY RI.
OVAL GREEN
LORDS
LIME TREE CL.
HILL LANE
WOODWATER COTTS.
RUSSELL WAY
DIGBY
HEATH
NORTH GRANGE
SOUTH GRANGE
CLYST HEATH
BAXTER CL.
DIGBY HO.
LEWIS CR.
COUPER MDWS.
CLYST HALT AV.
Superstore
Sandy Park
OLD RYDON CL.
LUDWELL VALLEY PARK
Pynes Hill
PYNES
Playing Fields
A3015
A379
Beech Cottage
St Bridget Nurseries
Builder's Yard
Vitacop
Brickne Cottag
Wynards Cottages
Weir View
Lavender Lodge
OLD RYDON LANE
Royal Naval Depot
Southbrook School
MERCER CT.
BISHOP CT.
MORTIMER CT.
GRANDISSON CT.
CHANTRY CT.
WESTALL
SOUTHBROOK ROAD
SWALLOWFIELD RD.
WENDOVER WY.
TOLLARDS
The West of England School for Children With Little or No Sight
Vicarage
RYDON LANE
ROAD
SCHOOL LA.
HEADON GDNS.
EXE VALE RD.
King George V Playing Field
Countess Wear
EXETER GOLF COURSE AND COUNTRY CLUB
Exeter & District Community Health Service N.H.S. Trust H.Q.
Club Ho.
TOPSHAM ROAD
Linkways
Golf Course
ROYAL NAVAL DEPOT
M5
Nurseries
Mount Wear Youth Hostel
HARPER GRO.
ROCHE GDNS.
Countess Wear Combined School
CHEPSTOW CL.
WEAR ROAD
LANE
Countess Wear Bri.
BRIDGE ROAD
LOCKSLEY CL.
GLASSHOUSE LA.
LAKESIDE
MOUNT WEAR SQ.
Playing Field
Comm. Cen.
Lower Wear
WEAR BARTON RD.
HIGHER WEAR RD.
Playing Field
Tumbling
WEAR CL.
SEABROOK AV.
Seabrook House
Sainthill

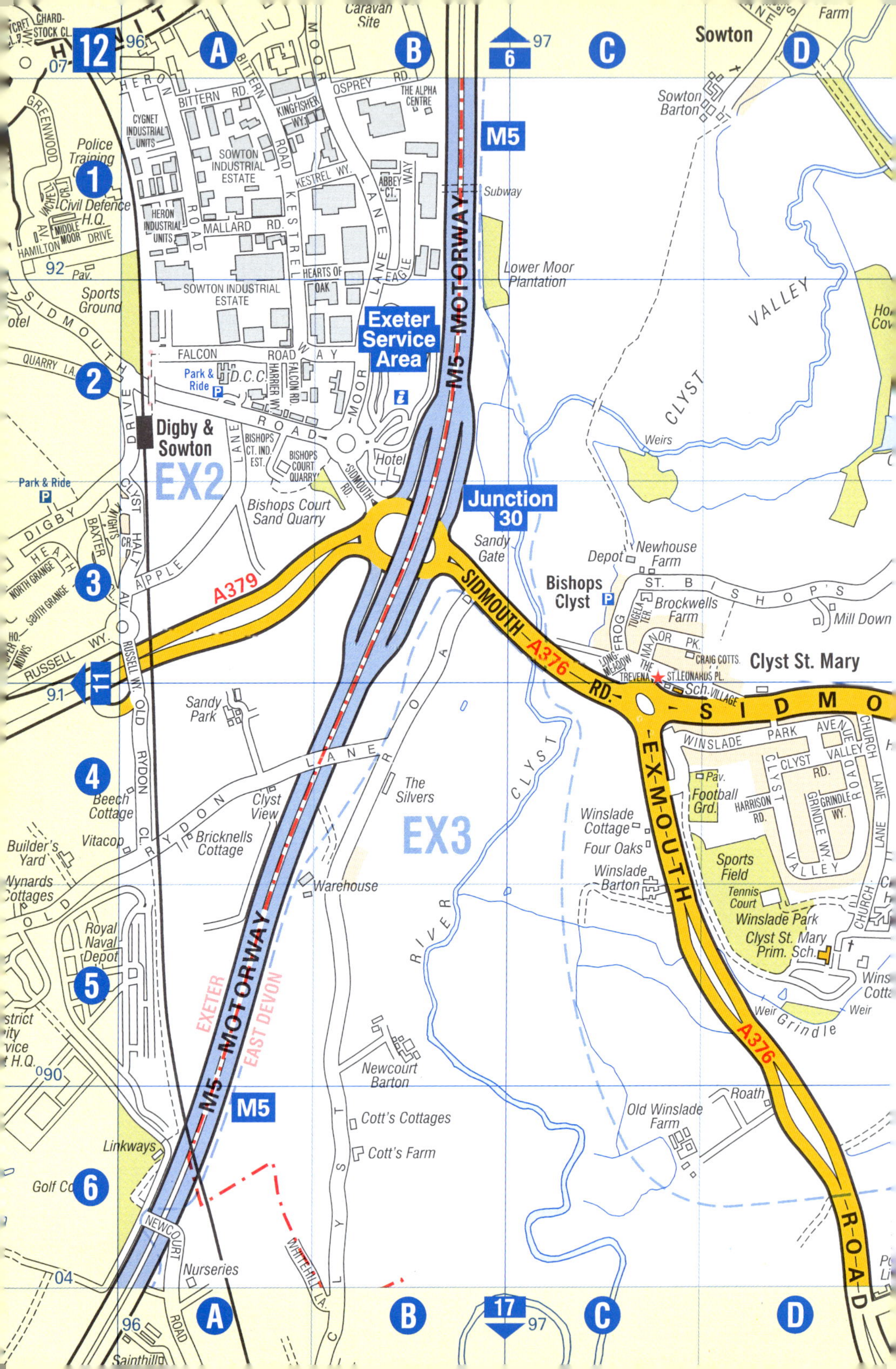

A
B
C
D
1
2
3
4
5
6
97
6
17
96
07
92
91
90
04
11
Caravan Site
Sowton
Farm
CHARD-STOCK CL.
HERON
BITTERN RD.
BITTERN
MOOR
OSPREY RD.
THE ALPHA CENTRE
KINGFISHER WY.
CYGNET INDUSTRIAL UNITS
SOWTON INDUSTRIAL ESTATE
KESTREL WY.
ABBEY CT.
HERON INDUSTRIAL UNITS
MALLARD RD.
KESTREL
LANE
EAGLE WAY
HEARTS OF OAK
SOWTON INDUSTRIAL ESTATE
FALCON ROAD
WAY
HARRIER WY.
FALCON RD.
Park & Ride
D.C.C.
MOOR
ROAD
Exeter Service Area
Hotel
BISHOPS CT. IND. EST.
BISHOPS COURT QUARRY
SIDMOUTH RD.
Digby & Sowton
EX2
Police Training C.
Civil Defence H.Q.
GREENWOOD
VACHELL CR.
MIDDLE MOOR
HAMILTON AV.
DRIVE
Pav.
Sports Ground
Hotel
SIDMOUTH
QUARRY LA.
DRIVE
Park & Ride
DIGBY
HEATH
BAXTER
KNIGHTS CR.
CLYST HALT
NORTH GRANGE
SOUTH GRANGE
APPLE
AV.
RUSSELL WY.
RUSSELL WY.
OLD RYDON CL.
Bishops Court Sand Quarry
A379
M5
Subway
MOTORWAY
Lower Moor Plantation
M5 MOTORWAY
Junction 30
Sandy Gate
SIDMOUTH A376 RD.
Sowton Barton
CLYST VALLEY
CLYST
Weirs
Depot
Newhouse Farm
Bishops Clyst
ST. BISHOP'S
Brockwells Farm
TUGELA TER.
FROG
MANOR PK.
LONG-MEADOW
THE
TREVENA
ST.LEONARDS PL.
CRAIG COTTS.
Clyst St. Mary
Sch.
VILLAGE
SIDMO
Mill Down
WINSLADE PARK AVENUE
CHURCH
CLYST VALLEY RD.
LANE
Pav.
Football Grd.
HARRISON RD.
GRINDLE WY.
ROAD
VALLEY
Sports Field
Tennis Court
Winslade Park
Clyst St. Mary Prim. Sch.
CHURCH
Weir
Grindle
Weir
A376
EXMOUTH
ROAD
Winslade Cottage
Four Oaks
Winslade Barton
Roath
Old Winslade Farm
Sandy Park
LANE
ROAD
The Silvers
EX3
RYDON
Clyst View
Bricknells Cottage
Beech Cottage
Vitacop
Builder's Yard
Wynards Cottages
OLD
Warehouse
Royal Naval Depot
RIVER CLYST
EXETER
EAST DEVON
M5 MOTORWAY
M5
Newcourt Barton
Cott's Cottages
Cott's Farm
Linkways
Golf Co
NEWCOURT
Nurseries
WHITEHILL LA.
CLYST
ROAD
Sainthill

Map: EX5 area

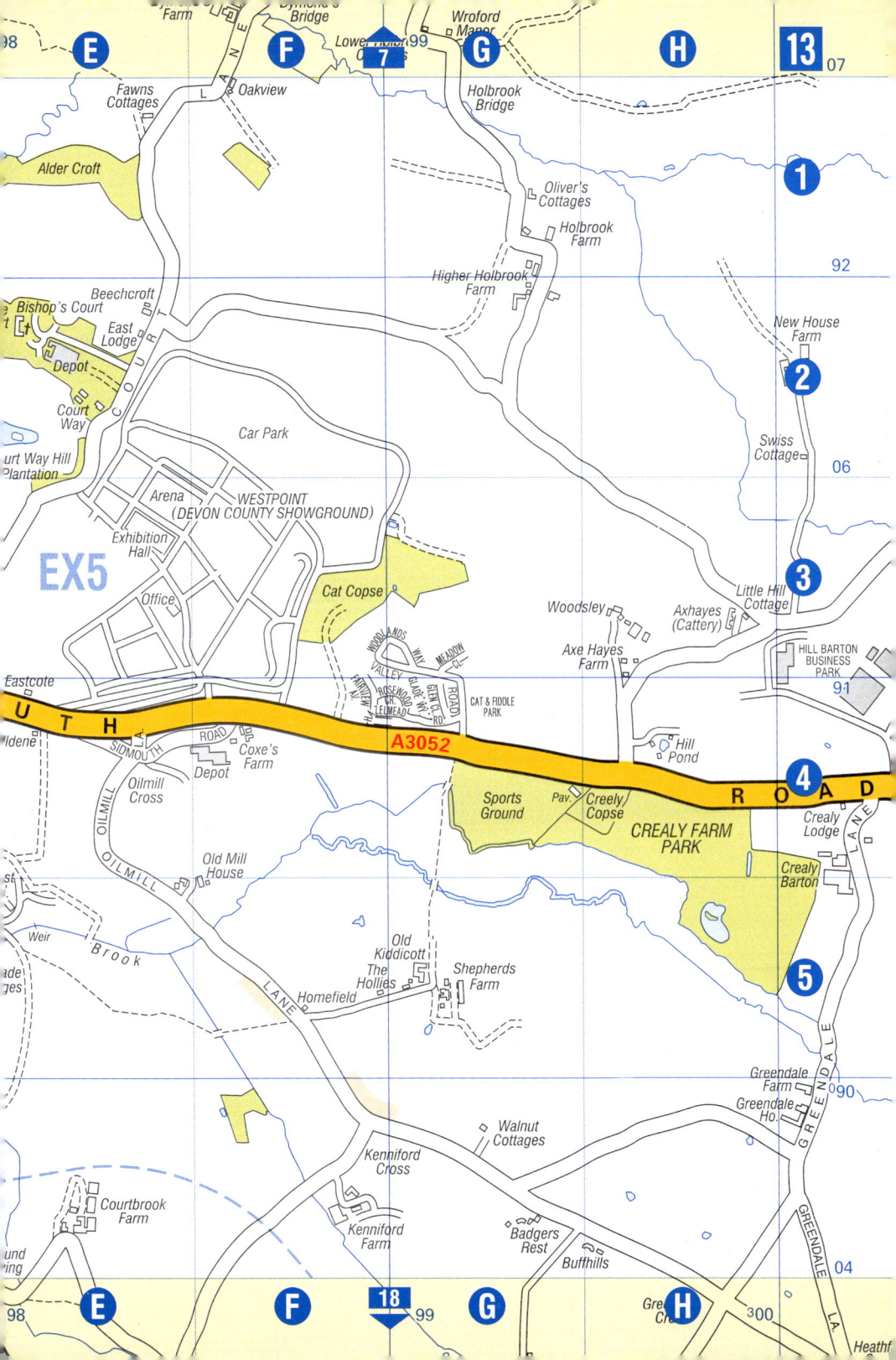

Grid references (top): 98, E, F, 7, G, H, 13, 07

Labelled features

- Fawns Cottages
- Oakview
- Alder Croft
- Holbrook Bridge
- Wroford Manor
- Lower ... 99
- Dymond's Bridge
- Oliver's Cottages
- Holbrook Farm
- Higher Holbrook Farm
- New House Farm — 92
- Bishop's Court
- Beechcroft
- East Lodge
- Depot
- Court Way
- Court Way Hill Plantation
- Swiss Cottage — 06
- Car Park
- Arena, WESTPOINT (DEVON COUNTY SHOWGROUND)
- Exhibition Hall
- Office
- EX5
- Cat Copse
- Woodsley
- Axhayes (Cattery)
- Little Hill Cottage
- HILL BARTON BUSINESS PARK — 91
- Eastcote
- Woodlands Way, Valley Rd, Meadow Rd, Rosendown Cl, Fairview Pl, Blade Wy, Glen Ct, Ledmead
- Cat & Fiddle Park
- Axe Hayes Farm
- SOUTH SIDMOUTH ROAD
- Coxe's Farm
- Depot
- **A3052**
- Sports Ground — Pav.
- Creely Copse
- Hill Pond
- CREALY FARM PARK
- Crealy Lodge
- Crealy Barton
- OILMILL LANE
- Oilmill Cross
- Old Mill House
- Weir — Brook
- Old Kiddicott
- The Hollies
- Shepherds Farm
- Homefield
- Greendale Farm — 90
- Greendale Ho.
- GREENDALE LA.
- Courtbrook Farm
- Walnut Cottages
- Kenniford Cross
- Kenniford Farm
- Badgers Rest
- Buffhills
- Green Cr — 04
- Heathf...

Grid references (bottom): 98, E, F, 18, 99, G, H, 300

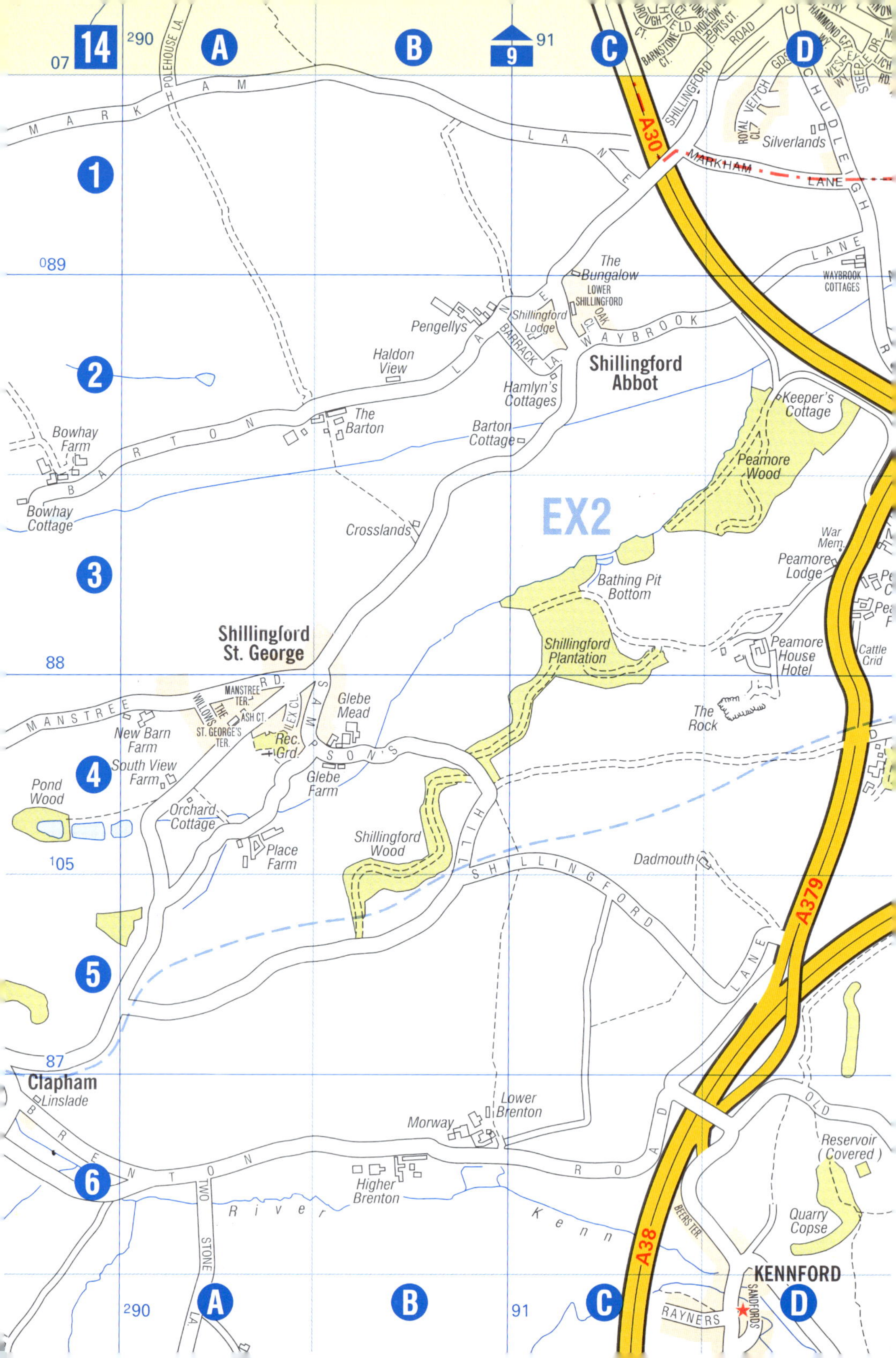

07
290
POLEHOUSE LA.
A
B
9
91
C
D
BARNSTONE CT.
PITS CT.
ROAD
SHILLINGFORD
HAMMOND CFT.
WESLEY WY.
STEEPLE DR.
GDS.
ROYAL VEITCH CL.
CHUDLEIGH
Silverlands
MARKHAM LANE
A30
1
2
3
4
5
6
089
88
105
87
The Bungalow
LOWER SHILLINGFORD
OAK CL.
WAYBROOK
LANE
WAYBROOK COTTAGES
Pengellys
Shillingford Lodge
BARRACK LA.
Shillingford Abbot
Haldon View
Hamlyn's Cottages
Keeper's Cottage
The Barton
BARTON LANE
Bowhay Farm
Bowhay Cottage
Barton Cottage
Peamore Wood
EX2
Crosslands
War Mem.
Peamore Lodge
Bathing Pit Bottom
Shillingford St. George
Shillingford Plantation
Peamore House Hotel
Cattle Grid
MANSTREE RD.
MANSTREE TER.
THE WILLOWS
ASH CT.
ST. GEORGE'S TER.
ILEX CL.
SAMPSON'S HILL
Glebe Mead
New Barn Farm
Rec. Grd.
The Rock
South View Farm
Glebe Farm
Pond Wood
Orchard Cottage
Shillingford Wood
Place Farm
Dadmouth
SHILLINGFORD LANE
A379
Clapham
Linslade
Lower Brenton
Morway
OLD
Reservoir (Covered)
BRENTON ROAD
Higher Brenton
TWO STONE LA.
River Kenn
BEERS TER.
Quarry Copse
A38
KENNFORD
RAYNERS
SANDFORDS

E
F
G
H
92
93
94
07
10
Livestock Centre
Wear Bri.
Exe Flood Channel
Valley Way
Elldor
Montego
Barnfield House
Knowle Hill
Park & Ride
P
Matford Brook Cottages
BAD HOMBURG WY.
B3123
YEOFORD
RD.
Matford Bridge
Matford Barton
Matford Mill
Matford Brook
DAWLISH ROAD
EXETER
TEIGNBRIDGE
Matfield
Cotfield
BRIDGE
A379
MATFORD MEWS
Grassmead
Matford Park Dairy Farm
RIVERSIDE VALLEY PARK
089
1
OLD MATFORD LANE
Matford Home Farm
A379
A379
ROAD
Trood House
TROOD LANE
Highfield
Enfield
Wracombe
2
SAN
MAIN
Church Path Hill Plantation
M5
Kiln Close Plantation
MOTORWAY
Exminster Ho.
DR.
3
Nurseries
Pond House
Fish Pond
Boat Ho.
Little Silver Cottages
Little Silver Plantation
A30
LITTLE SILVER LA.
DEEPWAY LANE
Pearce's Hill Resr. (Cov.)
M5
MILLER
WAY
REDDAWAY
The New School
EAGER WAY
REDDAWAY RISE
ROAD
16
88
Zachary's Copse
Silver Ridge
LITTLE SILVER LA.
DEEPWAY
The Firs
FARMHOUSE
ROUGEMONT CT.
The Farm
Play. Fld.
Pav.
DAYS-POTTLES LANE
Peamore Garage
Junction 31
LANE
Hospital Cottages
DEEPWAY GDNS.
4
BROWNLEES
OAK CL.
HOLLEY CL.
LANE
A38
Pottles Farm
Deepway Dene
Playing Field
Sunningdale Close
COFFINS LANE
Pottles Wood
Longacre
LANE
Blackall's Copse
Ponderosa
Lower Towsington
Spurway Farm
SPURWAY HILL
5
Towsington Barton
EX6
Kenbury Wood
Peening
TOWSINGTON
DARK LA.
87
Kerswell Farm
6
LANE
DAWLISH ROAD
Kerswell Cottages
Luccombe Ho.
KENN
Lears Copse

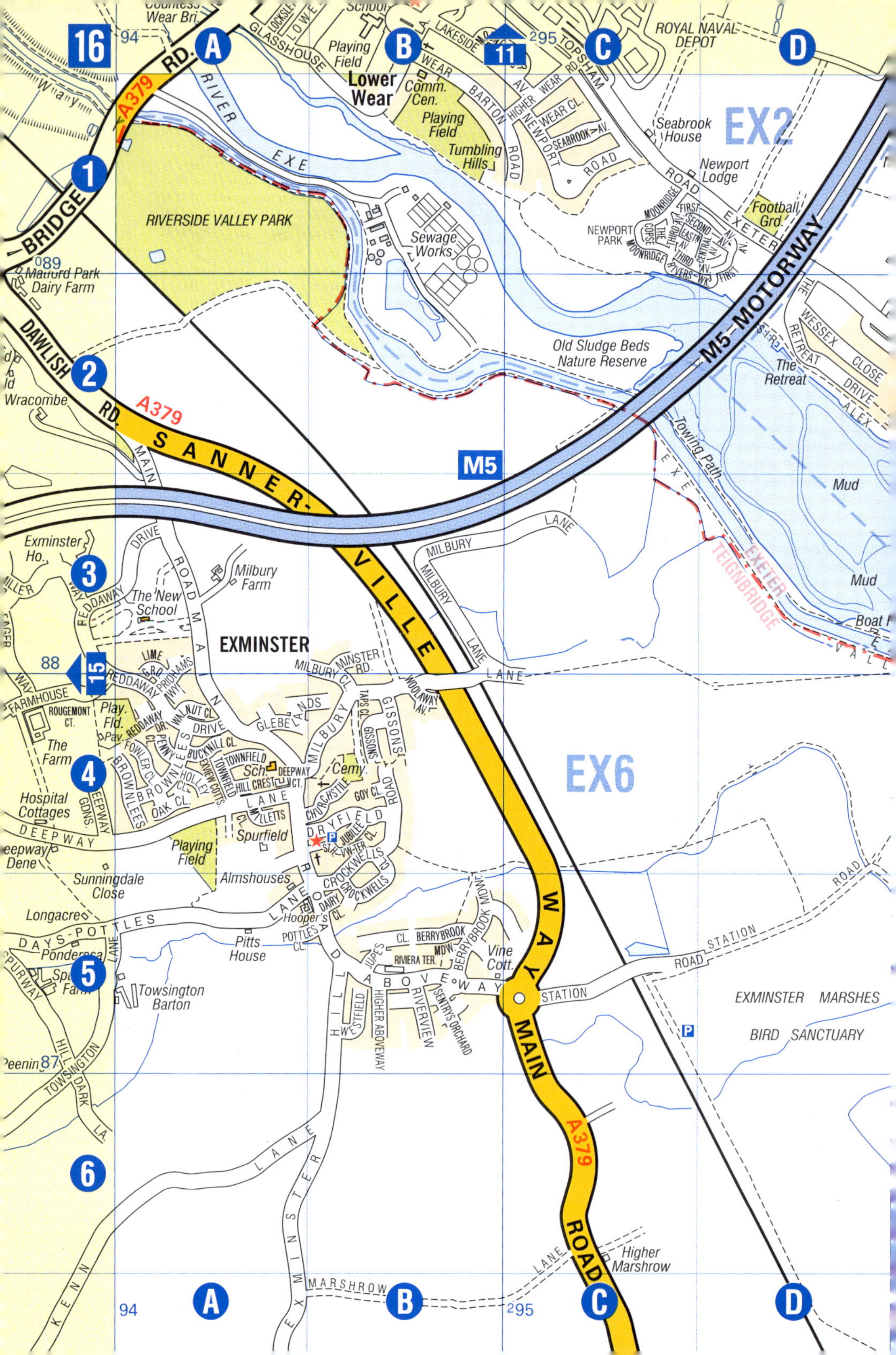
A
B
C
D
1
2
3
4
5
6
94
295
089
88
87
11
15
EX2
EX6
M5
M5 MOTORWAY
A379
Countess Wear Bri.
Lower Wear
Playing Field
Comm. Cen.
Tumbling Hills
ROYAL NAVAL DEPOT
Seabrook House
Newport Lodge
Football Grd.
NEWPORT PARK
RIVERSIDE VALLEY PARK
RIVER EXE
Sewage Works
Old Sludge Beds Nature Reserve
The Retreat
Mud
Towing Path
Boat
EXETER
TEIGNBRIDGE
Matford Park Dairy Farm
DAWLISH RD.
BRIDGE RD.
Wracombe
SANNERVILLE WAY
MAIN ROAD
Exminster Ho.
Milbury Farm
The New School
EXMINSTER
MILBURY LANE
REDDAWAY DRIVE
FARMHOUSE WAY
ROUGEMONT CT.
Play. Fld.
Pav.
The Farm
Hospital Cottages
DEEPWAY
DEEPWAY GDNS.
Deepway Dene
Sch.
Cemy.
Spurfield
Playing Field
Almshouses
Sunningdale Close
Longacre
DAYS-POTTLES LANE
Ponderosa
Spurway Farm
Towsington Barton
Pitts House
Hooper's Cl.
Vine Cott.
STATION ROAD
EXMINSTER MARSHES
BIRD SANCTUARY
TOWSINGTON HILL
DARK LA.
KENN LANE
EXMINSTER HILL
MARSHROW LANE
Higher Marshrow

17
12
18
E
F
G
H
96
97
98
89
88
87
1
2
3
4
5
6
EX3
Topsham
TOPSHAM
Exton
EXMOUTH
A376
EXMOUTH ROAD
Pound Living
Court Farm
MARSH LANE
Knowle House
Fire Brigade Headquarters
Marsh Barton
Depot
Boat Yard
Odams Wharf
Four Winds
Western Fields
Allways
Ebford Manor
Mount Ebford
Red Hills
Upway
Woodbury House
Shorthill
HAMPSTEAD LA.
GREEN LA.
EXTON LA.
SANDPIPER DR.
Nurseries
Morwenna
Broom Park Nurseries
Five Acres
Highfield Farm
Water Tower
Cemetery
CREADLY
SUNHILL
SUNHILL AV.
SUNHILL LA.
HIGHFIELD
CLYST
LANE
WHITEHILL LA.
TOWER FIELD
NEW COURT ROAD
DENVER RD.
HIGH STREET
FORE STREET
GREATWOOD TER.
BALMORAL GS.
PARKFIELD
GROVE HILL
ELM GROVE AV.
BRIDGE HILL
BRIDGEHILL GTH.
Playing Field
FERRY WALK
Lib.
Sch.
Weir
Bridge Mill
Clyst Bridge
EAST DEVON
EXETER
Topsham Lock
Landing Stages
Ferry
Wharves
Topsham Quay
Causeway
Causeways
Landing Stage
Mus.
Mount Howe
MOUNT HOWE
GREEN ROAD
BOWLING GREEN MARSH NATURE RESERVE
BOWLING STREET
MONMOUTH HILL
HOLMAN WAY
VICTORIA RD.
MAJORFIELD R.
CHURCH PATH ROAD
STRAND
HIGHER SHAPTER ST.
LOWER SHAPTER ST.
TRESILLIAN GDNS.
TRESILLIAN COTTS.
GOAT WALK
RIVERSMEET
Riversmeet House
Boat House
RIVER CLYST
RIVER EXE
Canal
Towing Path
WAY
Exeter

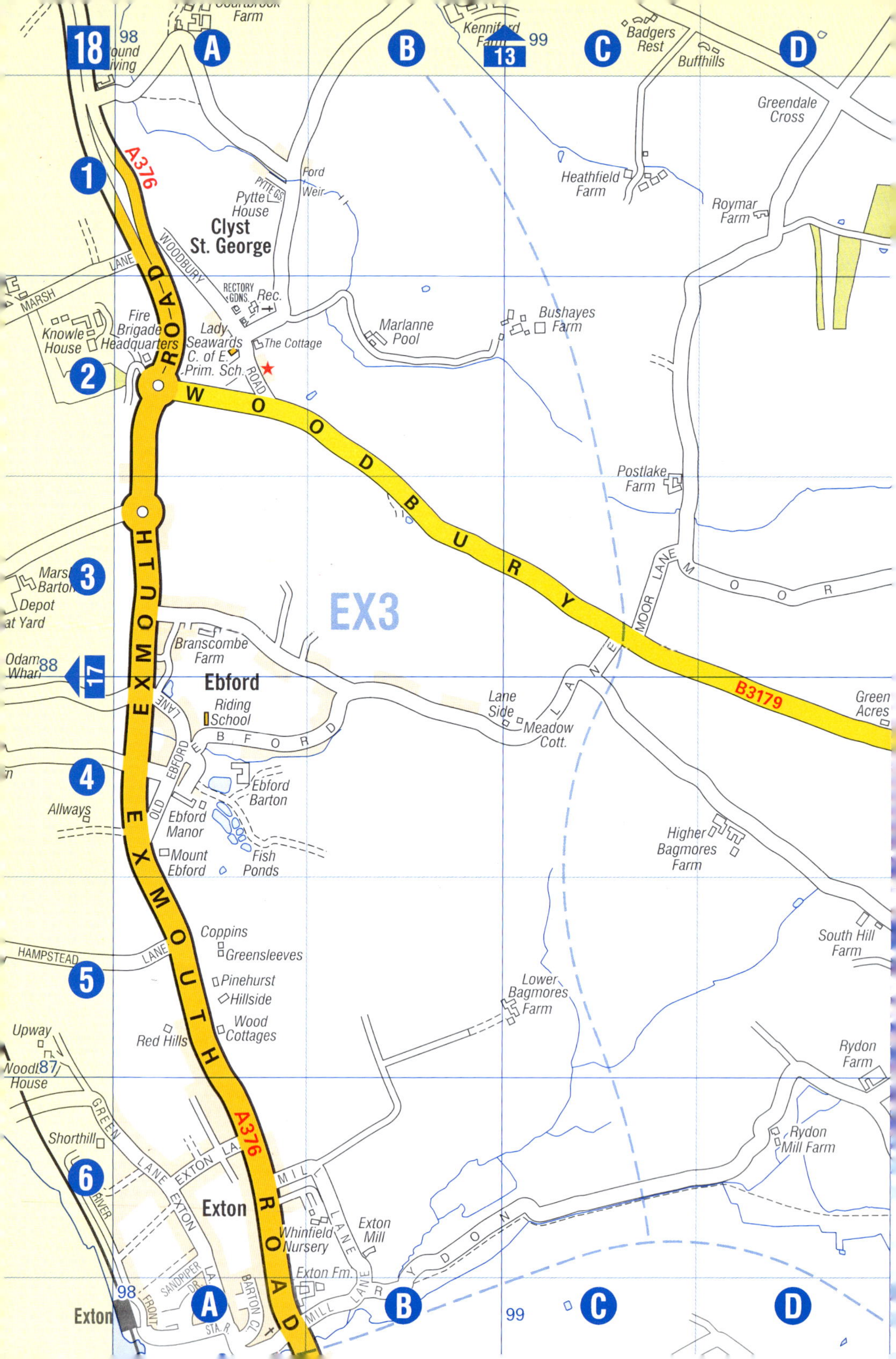
18
A
B
C
D
13
98
99
Badgers Rest
Buffhills
Greendale Cross
A376
1
Ford Weir
PYTTE GS.
Pytte House
Clyst St. George
WOODBURY
Heathfield Farm
Roymar Farm
MARSH LANE
RECTORY GDNS.
Rec.
Marlanne Pool
Bushayes Farm
Knowle House
Fire Brigade Headquarters
Lady Seawards C. of E. Prim. Sch.
The Cottage
ROAD
2
EXMOUTH ROAD
WOODBURY
Postlake Farm
3
Marsh Barton
Depot
at Yard
EX3
MOOR LANE
MOOR
Branscombe Farm
Odam Whar
88
17
Ebford
Riding School
EBFORD
LANE
Lane Side
Meadow Cott.
B3179
Green Acres
4
OLD EBFORD
Ebford Barton
Allways
Ebford Manor
Mount Ebford
Fish Ponds
Higher Bagmores Farm
South Hill Farm
Coppins
Greensleeves
HAMPSTEAD LANE
5
Pinehurst
Hillside
Lower Bagmores Farm
Upway
Wood Cottages
Red Hills
Rydon Farm
87
House
GREEN LANE
Shorthill
A376
Rydon Mill Farm
6
EXTON LA.
EXTON
RIVER
MILL
Exton
Extom Mill
Whinfield Nursery
MILL LANE
RYDON
Exton Fm.
SANDPIPER DR.
BARTON CL.
FRONT
STA. R.
MILL
Exton

E
F
G
H
300
01
02
089
06
88
87
1
2
3
4
5
6
EX5
Depot
Grindle Brook
LANE
Industrial Estate
GREENDALE LA.
Bidgood's Farm
Sewage Works
Heathfield Cross
Heathfield House
LOWER ROAD
Castleton
HIGHER ROAD
Heathfield Plot
Honey Cottage
HONEY LANE
PARK HAYES
VILLAGE ROAD
Woodbury Salterton
Football Ground
Higher Downhams
Sch.
STONY LANE
NEW WY.
Bridge Farm
WHITE CROSS ROAD
Higher Pilehayes Farm
Cooks Farm
Cannonwalls Farm
Trevanin Farm
Pilehayes Farm
Pigeons Farm
Browns Farm
Willowmead
LANE
The Firs
Stocklet Haven
Buckfield
Bond Farm House
Deepway Farm
BOND'S LANE
WATERY LANE
Parsonage House
Cottles
COTTLES LANE
Cottles Farm
Res.
Vic.
ROAD
WAY
SUMMERFIELD
BAKER GRO.
Cemy.
POUND LA.
LONG PARK
LONGMEADOW
GOVERTS
PARSONAGE WAY
CASTLE LANE
Webber's Farm
WEBBER'S FARM CARAVAN PARK
OAKHAYES ROAD
Oakhayes
Shepherds Park Farm
Burstone House
Prim. Sch.
ORCHARD CL.
Rec. Grd.
BONFIRE LA.
BROADMEAD
CULVERY CL.
MIREY LA.
STILE LA.
GREENWAY
FLOWER ST.
Springhayes
Woodbury
Woodbury Wood
CHURCH
THE ARCH
BRENT CLOSE
FURZE RD.
FULFORD
BRETTEVILLE CL.
GLOBE HILL
BROADWAY
CRITCHARDS
PARK CL.
PARK WY.
TOWN LANE
BEECHES CL.
Woodbury Mills
Hill's Venmoor
Ford Farm
B3179
LANE
Higher Venmoor Farm
Downs Corner
Bridge Pitt Farm
Venmore Farm

Nutwell Court
99
A
B
C
D
300
85
Nutwell Park
Bower Shrubbery
Daniel's Corner
Belvedere
1
NUTWELL ROAD
EXMOUTH ROAD
Gulliford
Burial Ground
Nurseries
Lodge
HAREFIELD ROAD
Tedstone House
Coombe Farm
Middle Coombe Cottage
TEDSTONE LANE
HILL LANE
MEETING
EDINBURGH CRES.
CHURCHILL CT.
GIBRALTAR RD.
GLEBELANDS
GLEBE CL.
HUNTON CL.
TRAFALGAR
BURGMANNS HILL
The Rectory
Candys
Lympstone
Hayes Raleigh
Lympstone Village
Manor Ho.
GREENHILL AV.
CANDY'S PATH
SCHOOL HILL
Prim. Sch.
Lympstone Ho.
ORCHARD CL.
STRAWBERRY
GRANGE CL.
BIRCH RD.
Rising Sun Cottage
Thorn Farm
St. Peters School
Lower Coombe Farm
Ford
Brook
Monday Copse
Ten. Ct.
Playing Field
Watton
A376
JUBILEE GRO.
2
Play. Fld.
Pier
CHAPEL RD.
THE STRAND
HILL
CHURCH
ROAD
LONGMEADOW ROAD
STONE LA.
HAREFIELD DR.
MEADOW CL.
MATFIELD
Watton Brook
Ford
Wotton Pound
Watton Bridge
Watton Farm
Wotton House
Wellacre
WOTTON LANE
UNDERHILL
UNDERHILL CRES.
The Mill
BRIDGES CR.
LANE
084
SOWDEN
HIGHCLIFFE CL.
CLAY LANE
Mount Pleasant
Yonder Thatch
Backenhayes
Potter's Farm
Linhayes Farm
Pitt Farm
Marley Riding Stables
Greenacre
EX8
3
Southtown Ho.
LONGBROOK
DAWLISH PK. TER.
COURTLANDS
Sowden Farm
Atlantis
Long Park
Mussel Purification Station
Nurseries
Summerfield House
Manse
Courtlands Cross
SUMMER LANE
Three Acres
The Point in View
North Lodge
A-la-Ronde (National Trust)
East Lodge
Courtlands
4
LITTLEMEAD
HILL DRIVE CL.
OAKTREE PL.
THORPE AV.
APPLE CL.
WOODLANDS CT.
WOODLANDS DR.
SWISS CL.
APRIL CL.
MOUNT PLEASANT AV.
WILLOW AV.
ESSINGTON CL.
ESSINGTON CT.
Hulham
83
Sand & Mud
West Lodge
LAMPLOUGH RD.
RIVERMEAD AV.
ELMFIELD CRES.
SYLVAN CL.
ELMFIELD CRESCENT
ASH GRO.
ROUNDHOUSE LA.
MOUNT PLEASANT CT.
MARPOOL LANE
SHACKLETON CL.
BOOTH WAY
5
SEAFIELD AV.
THORNFIELD CL.
FEATHERBED LANE
SCOTT DR.
Higher Halsdown Farm
STONE RD.
FEATHERSTONE
IONA AV.
SEYMOUR RD.
SEYMOUR CT.
MORVEN DR.
HALDON CT.
CAULESTON CL.
MARISTOW AV.
TURNBULL CT.
BAPTON CLOSE
Ford
BAPTON LA.
Lower Halsdown Farm
HALSDON LANE
CROSSING FIELDS DR.
EAST DR.
ORCHARD CL.
HIGHBURY PK.
KEVEREL RD.
PHILLIPPS AV.
BAPTON
TRINFIELD AV.
ROAD
CARBERRY AV.
HULHAM ROAD
EXETER ROAD
6
SPRINGFIELD ROAD
NUTBROOK
BURNSIDE
HALSDON AVENUE
HALLDENE
AVENUE
Warren View Sports Grd.
Rayleigh Park
Play. Fld.
82
MUDBANK LA.
Social Club
Pav.
BELLE VUE RD.
KINGSLAND CT.
BEECHWAY
GRANGE CL.
GIPSY
Exmouth Community College (Upper Site)
DENING CT.
WITHYCOMBE
Weir
A
B
C
D
99
22
300
King George V
Cockle Sand

E
F
G
H
01
02
03
85
84
83
82
1
2
3
4
5
6
Coombe Stables Cottage
Coombe Brake Cottage
Coombe Plantation
Coombe Common
Lympstone Common
B3180
B3179
B3178
Squabmoor
Moorland Cottage
Squabmoor Plantation
Oak Park
Barn Close
Clear View
Downlands Farm
Marleycombe
Tanglewood
Exe View Wood
Sowden Brake
Marley Hayes
Marley Beeches
Bystock Wood
Big Wood
Homeleigh
Nursery
Goodmores Farm
The Lawn
Great Wood
Dogs Plantation
Knucklebones Wood
Boat House
Bystock Court
Withycombe Barton
St. John's Farm Mews
Caravan and Camping Site
Briar Patch
Higher Veiges Plantation
Lower Veiges Plantation
Veiges Farm
Brixington
Lodge
Knappe Cross Ho.
Brixington Jun. & Inf. Schools
Dennesdene Farm
Hulham Ho.
Playgrd.
Rec. Grd.
Playing Field
Withycombe Raleigh
Prim. Sch.
Hill Crest Sch.
Hosp.
Withycombe Brook
Liverton Copse Nature Reserve
Liverton Business Park
Littlefield
Mountain Hill
Road
Mountain Farm
Pound La. Trad. Est.
C. of E. Prim. Sch.
Marpool Prim. Sch.
Dinan Way Trad. Est.
Training
Depot
Salterton
Water Works
Superstore
23
Marley Road
Higher Marley Road
Marley Drive
Wright's Lane
Hulham Road
Dinan Way
St. John's Road
Churchill Road
Broadmead
Parkside Drive
Ivydale
Winston Road
Withycombe Park Dr.
Marles
Brixington Lane
Brixington Drive
Jubilee Drive
Vansittart Drive
Spider's Lane
Village Road
Bradham La.
Brooklands Rd.
Withycombe Village Road
Salterton Road

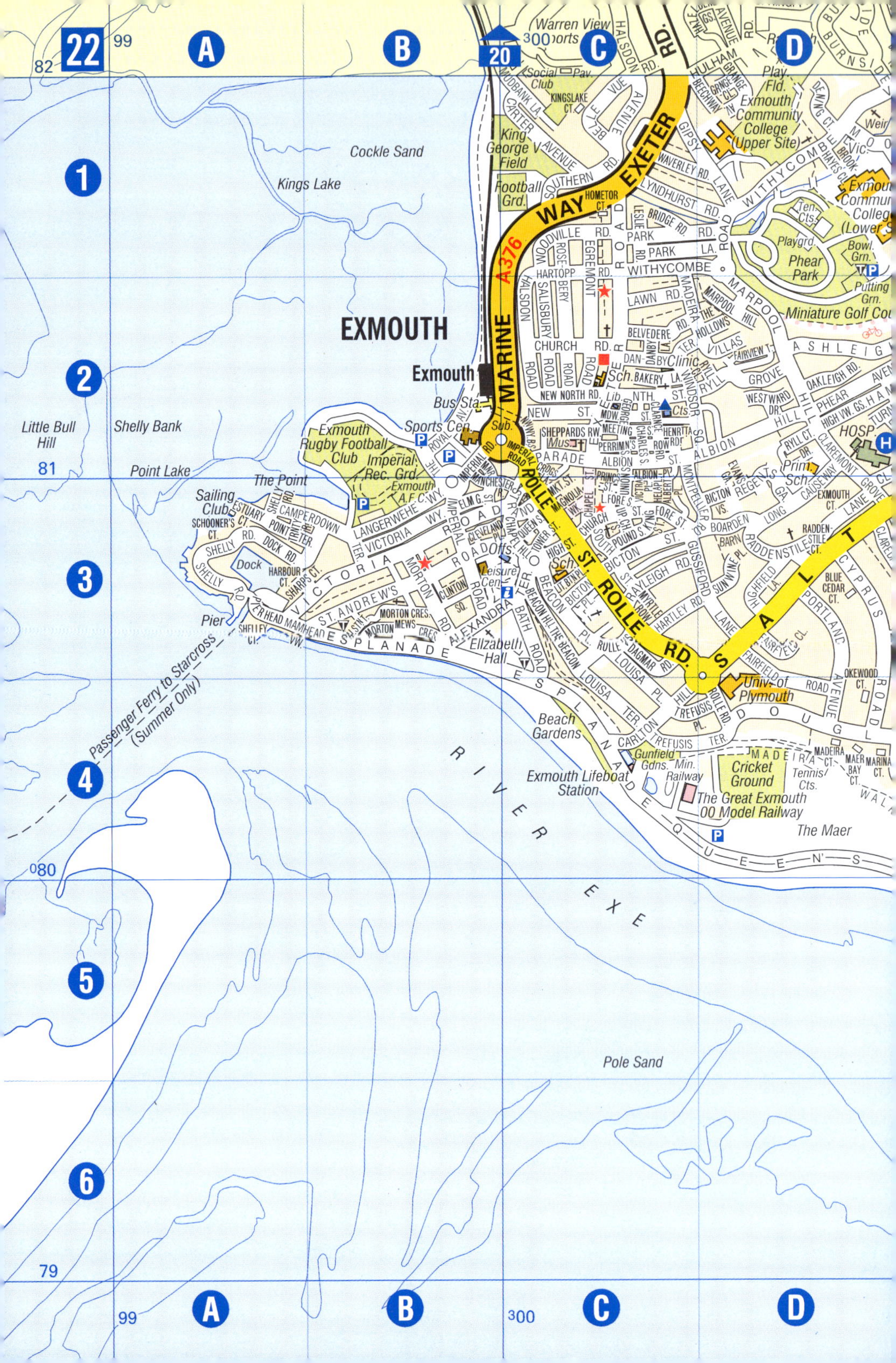

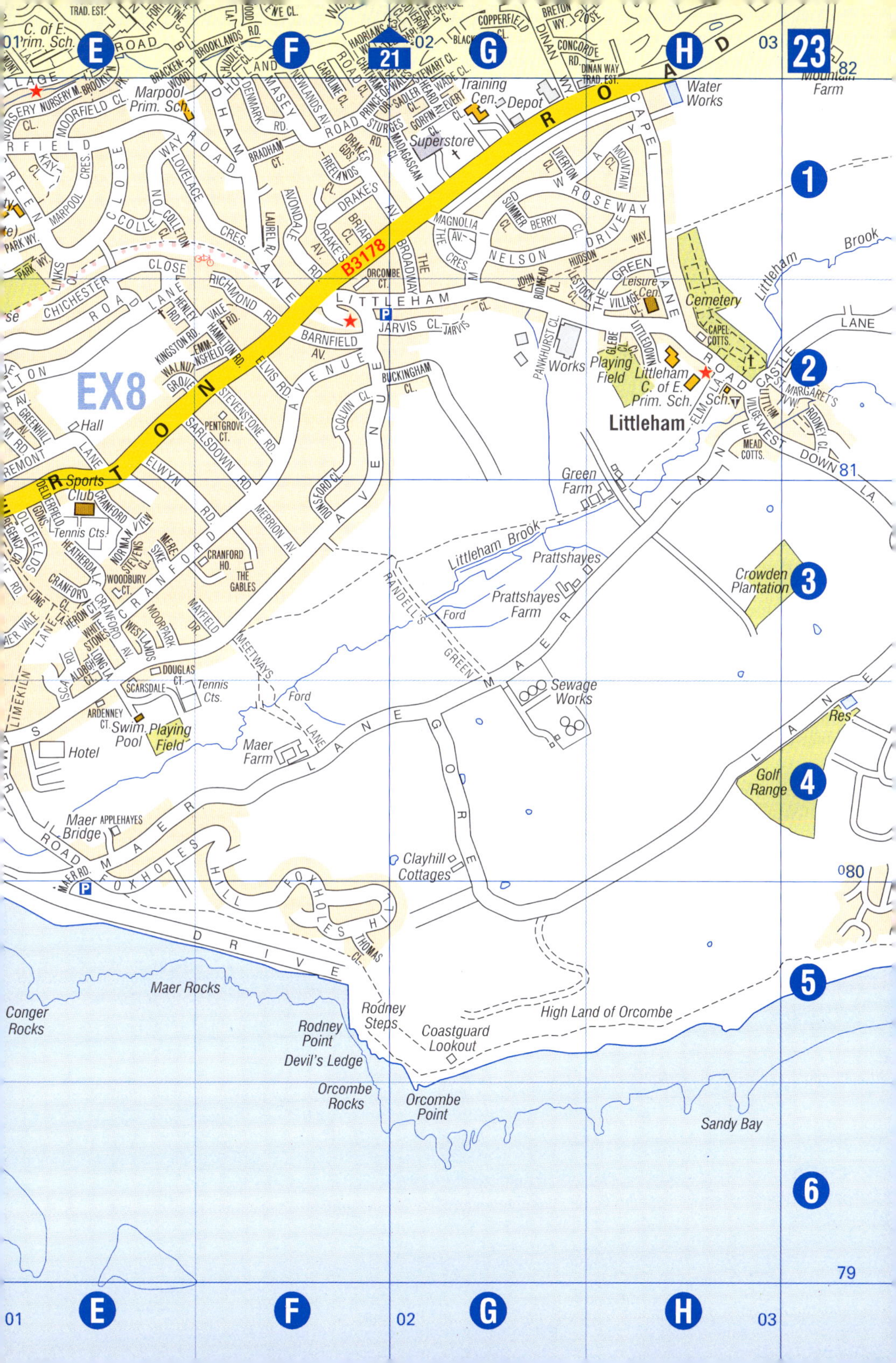

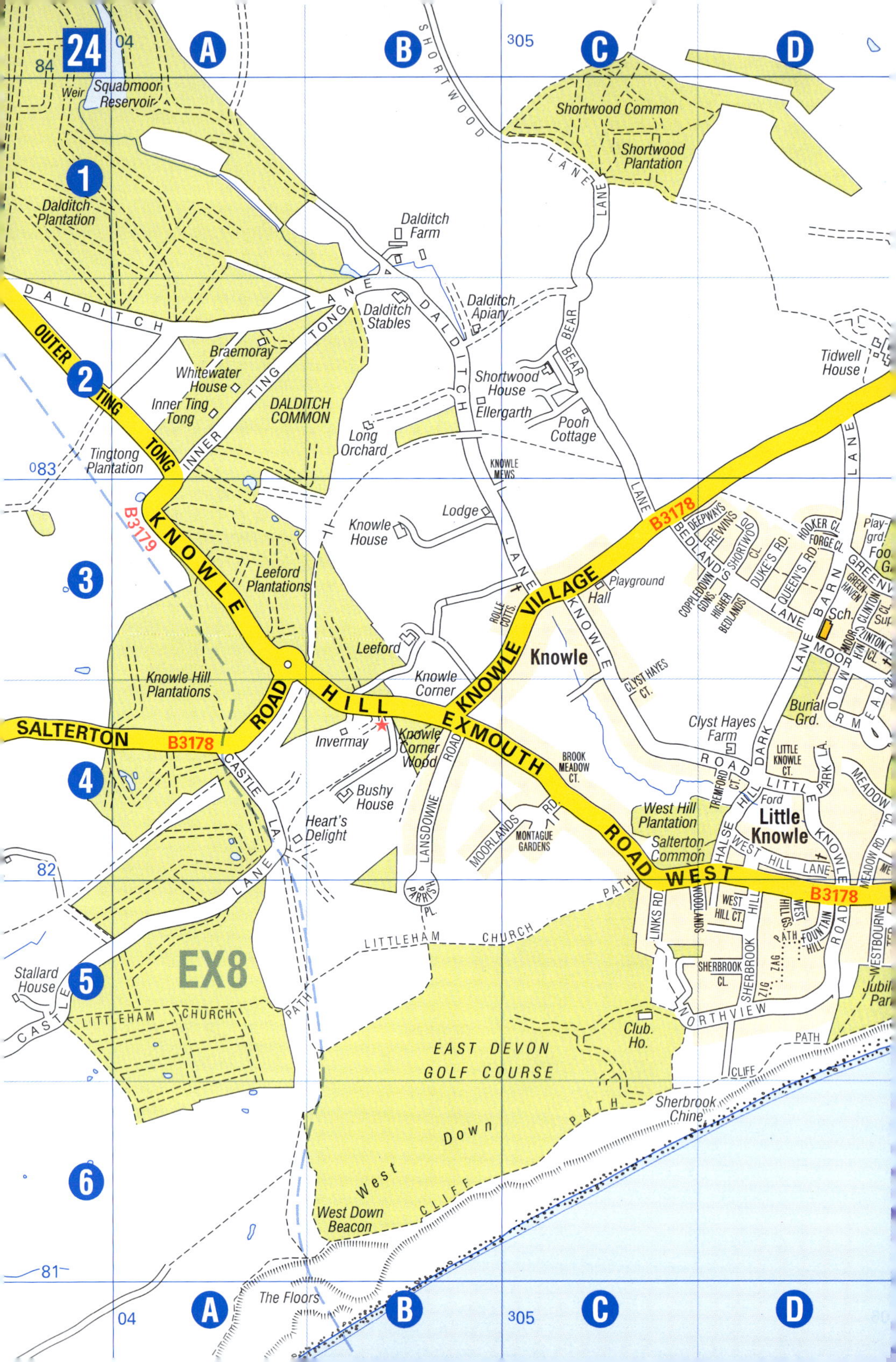
A
B
C
D
04
305
84
83
82
81
1
2
3
4
5
6
Weir
Squabmoor Reservoir
Shortwood Common
Shortwood Plantation
SHORTWOOD LANE
Dalditch Plantation
Dalditch Farm
DALDITCH LANE
DALDITCH
Dalditch Stables
Dalditch Apiary
OUTER TING TONG
INNER TING TONG
Braemoray
Whitewater House
Inner Ting Tong
DALDITCH COMMON
Tingtong Plantation
Long Orchard
Shortwood House
Ellergarth
Pooh Cottage
BEAR LANE
Tidwell House
KNOWLE MEWS
Lodge
Knowle House
B3179
B3178
KNOWLE ROAD
Leeford Plantations
Leeford
Knowle Corner
Knowle Hill Plantations
HILL
KNOWLE VILLAGE
Knowle
Playground
Hall
ROLLE COTTS.
KNOWLE LANE
DEEPWAYS
FREWINS
SHORTWOOD CL.
BEDLANDS
COPPLEDOWN GDNS.
HIGHER BEDLANDS
DUKE'S RD.
QUEEN'S RD.
HOOKER CL.
FORGE CL.
BARN LANE
Play-grd.
GREENHAVEN
CLINTON CL.
Sch.
MOOR LANE
MOORLANDS
WINTON CL.
Burial Grd.
MEAD
SALTERTON
EXMOUTH ROAD
Invermay
Knowle Corner Wood
Bushy House
Heart's Delight
CASTLE LA.
CASTLE LANE
LANSDOWNE ROAD
PARRISH PL.
BROOK MEADOW CT.
CLYST HAYES CT.
Clyst Hayes Farm
DARK LANE
LITTLE KNOWLE CT.
PARK LA.
MEADOW
ROAD
TREMFORD CT.
LITTLE
Ford
Little Knowle
West Hill Plantation
Salterton Common
HALSE HILL
WEST HILL LANE
KNOWLE
MEADOW RD.
MOORLANDS RD
MONTAGUE GARDENS
ROAD WEST
WESTBOURNE
PATH
LITTLEHAM CHURCH
LINKS RD
WOODLANDS
WEST HILL CT.
HILL
WEST HILL GS.
FOUNTAIN HILL
ZIG ZAG PATH
SHERBROOK HILL
SHERBROOK CL.
NORTHVIEW
Jubil Par
EX8
Stallard House
LITTLEHAM CHURCH
Club. Ho.
EAST DEVON GOLF COURSE
West Down
West Down Beacon
CLIFF PATH
CLIFF
Sherbrook Chine
The Floors

E
F
G
H
06
07
08
84
83
82
81
1
2
3
4
5
6
COLLIVER LA.
Pulhayes Farm
Aqueduct
LITTLE DOWN LA.
TIDWELL LANE
EAST BUDLEIGH ROAD
B3178
Mill Roy
Bankly
OTTERTON PARK
Tidwell Mount
RIVER OTTER
THE WARREN
KERSBROOK
Penny Park
Upmead
South Farm Cotts.
White Bridge
FARM ROAD
South Farm Cottage
Kersbrook Farm
Kersbrook Brook
LANE
Kersbrook
EX9
WALLCLOSE LANE
South Farm
CLIFF LANE
HAYES CL.
TIDWELL RD.
TIDWELL CL.
LONG COPP
COPP HILL LA.
MANSFIELD TER.
HONEY PARK ROAD
VISION HILL
BRIDGE RD.
SOUTH GRANARY RD.
WARREN DR.
RALEIGH CT.
RALEIGH RD.
SWAINS RD.
VALES
JOCELYN RD.
BOYNE RD.
ARMYTAGE RD.
CLARENCE RD.
COPP HILL
UPPER LEAS RD.
STANLEY M.
ELMSIDE
STATION ROAD
STONEBOROUGH LANE
STONEBOROUGH CT.
STONEBOROUGH LA.
STONEYFORD PK.
CRICKET FIELD CT.
CRICKET FIELD LA.
The Green
FANCETT LA.
WESTFIELD RD.
WESTFIELD CL.
Spts. Grd.
Pav.
Sports Fld.
BARNS RD.
BOUCHER WY.
BRAMBLE CL.
OTTER CT.
Cricket Ground
Pav.
INGLESIDE CT.
UPPER WEST TER.
GARDEN CT.
HOSP
BOUCHER RD.
ESTUARY VW.
OTTERVALE RD.
ROAD
LANE
PALMER CT.
VINE HO.
MELDON CT.
GREEN M.
Hall
Hlth Cen.
WEST TER.
CHAPEL HILL
EAST TER.
FORE ST.
HILL
EAST
COASTGUARD RD.
BLUEBERRY DOWNS
Lib.
PERRIAMS PL.
BROOK RD.
THE LAWN
MADEIRA WK.
SALTING HILL
HIGH ST.
FORE ST.
RAGG LA.
CHAPEL ST.
THNTN CL.
POPLAR RW.
PEBBLE LA.
RYLL
MARINE CT.
COASTGUARD HILL
MARINE PARADE
Mus.
STH. PARADE
PDE.
PENLEE
REDHILLS
VICTORIA PL.
ARDEN CL.
QUEEN ST.
CLIFF ROAD
CLIFF TER.
ROLLE RD.
THE ROLLE
PARKS LA.
REDCLIFF CT.
Otterton Point
Otterton Ledge
BUDLEIGH SALTERTON
ENGLISH CHANNEL

Exeter Central
Exeter College (Rougemont Centre)
Exeter College (Victoria Ho.)
Exeter Coll. (York Wing)
Crown Court
Rougemont Castle
Connections Discovery Cen.
University
Mus. & Art Gallery
Library
Underground Passages
Civic Centre
Coach Sta.
St. Wilfrid's School
Tunnel
Comm. Cen.
St. David's C. of E. First Sch.
EX4
EX1
EX2
Guildhall Shopping Centre
Guildhall
Harlequins Cen.
Mount Dinham
Cemetery
Burial Grd.
St. Nicholas Priory
St. Georges Hall & Mkt.
St. Peter's Cathedral
Cloisters
The Close
Exeter Cathedral School
Mary Convent School
Barnfield Theatre
EXETER
Exe Island
Cinema
Tuckers Hall
Spacex Gall.
Exbridge House
Friars Green
Quay Ho. Visitor Cen.
Butt's Ferry (Foot)
Setting Sail Exhibition
Canal Basin
Mount Radford
Bull Meadow
Larkbeare
Library
Riverside Leisure Centre
Great Shilhay
GX Superbowl
Haven Banks
City Industrial Estate
St. Thomas First Sch.
Depot
Weir
BONHAY ROAD
WESTERN WY.
A3015
B3212
MAGDALEN ST.
HOLLOWAY ST.
TOPSHAM RD.
ALPHINGTON ST.
ALPHINGTON RD.
A377
EDMUND ST.
NORTH RD.
PARIS ST.
B3183
COWICK ST.
Exe Valley Way
LARGE SCALE CITY CENTRE
One Way Street
City Wall
SCALE
8 inches (20.32cm) to 1 mile
12.62 cm to 1 km
1:7920
0
100
200 Yards
¼ Mile
0
100
200
300
400 Metres

INDEX TO STREETS

Including Industrial Estates, selected Subsidiary Addresses, and selected Tourist Information.

HOW TO USE THIS INDEX

1. Each street name is followed by its Posttown or Postal Locality and then by its map reference;
   e.g. Abbeville Clo. *Exe* —3C **10** is in the Exeter Posttown and is to be found in square 3C on page **10**.
   The page number being shown in bold type.
   A strict alphabetical order is followed in which Av., Rd., St., etc. (though abbreviated) are read in full and as part of the
   street name; e.g. Applehayes appears after Apple Clo. but before Apple La.

2. Streets and a selection of Subsidiary names not shown on the Maps, appear in the index in *Italics* with the thoroughfare to
   which it is connected shown in brackets; e.g. Albion Ct. Exm —3C **22** (off Union St.)

GENERAL ABBREVIATIONS

All : Alley	Cres : Crescent	La : Lane	St : Saint
App : Approach	Cft : Croft	Lit : Little	II : Second
Arc : Arcade	Dri : Drive	Lwr : Lower	VII : Seventh
Av : Avenue	E : East	Mc : Mac	Shop : Shopping
Bk : Back	VIII : Eighth	Mnr : Manor	VI : Sixth
Boulevd : Boulevard	Embkmt : Embankment	Mans : Mansions	S : South
Bri : Bridge	Est : Estate	Mkt : Market	Sq : Square
B'way : Broadway	Fld : Field	Mdw : Meadow	Sta : Station
Bldgs : Buildings	V : Fifth	M : Mews	St : Street
Bus : Business	I : First	Mt : Mount	Ter : Terrace
Cvn : Caravan	IV : Fourth	N : North	III : Third
Cen : Centre	Gdns : Gardens	Pal : Palace	Trad : Trading
Chu : Church	Gth : Garth	Pde : Parade	Up : Upper
Chyd : Churchyard	Ga : Gate	Pk : Park	Va : Vale
Circ : Circle	Gt : Great	Pas : Passage	Vw : View
Cir : Circus	Grn : Green	Pl : Place	Vs : Villas
Clo : Close	Gro : Grove	Quad : Quadrant	Wlk : Walk
Comn : Common	Ho : House	Res : Residential	W : West
Cotts : Cottages	Ind : Industrial	Ri : Rise	Yd : Yard
Ct : Court	Junct : Junction	Rd : Road	

POSTTOWN AND POSTAL LOCALITY ABBREVIATIONS

Alp : Alphington	*Ebf* : Ebford	*Kers* : Kersbrook	*St T* : St Thomas
Ayl : Aylesbeare	*Exe* : Exeter	*Lit* : Littleham	*Shi A* : Shillingford Abbot
Bak H : Bakers Hill	*Exe B* : Exeter Bus. Pk.	*Long* : Longdown	*Shi S* : Shillingford St George
Broad : Broadclyst	*Exmin* : Exminster	*Lymp* : Lympstone	*Sow* : Sowton
Bud : Budlake	*Exm* : Exmouth	*Mar B* : Marsh Barton Trad. Est.	*Sow I* : Sowton Ind. Est.
Bud S : Budleigh Salterton	*Exo P* : Exonia Park	*Matf* : Matford	*Sto H* : Stoke Hill
Bys : Bystock	*Ext* : Exton	*Nadd* : Nadderwater	*Top* : Topsham
Cly H : Clyst Honiton	*Exw* : Exwick	*Pin* : Pinhoe	*Whip* : Whipton
Cly G : Clyst St George	*Hea* : Heavitree	*Ryd L* : Rydon Lane	*White* : Whitestone
Cly M : Clyst St Mary	*Ide* : Ide	*St Leo* : St Leonards	*Wood* : Woodbury
Cow : Cowley	*Kennf* : Kennford	*St L* : St Loyes	*Wood S* : Woodbury Salterton

INDEX TO STREETS

Abbeville Clo. *Exe* —3C **10**
Abbey Ct. *Sow I* —1B **12**
Abbey Rd. *Exe* —4D **4**
Abbots Rd. *Exe* —4C **4**
Aboveway. *Exmin* —5B **16**
Acland Rd. *Exe* —5B **4**
Acland Ter. *Exe* —5A **4**
Adams Ter. *Exe* —1F **9**
Addison Clo. *Exe* —6E **3**
Admirals Wlk. *Exm* —5F **21**
A La Ronde. —4C **20**
Albany Clo. *Exm* —5G **21**
Alberta Cres. *Exe* —3D **4**
Albert Pl. *Exe* —1H **9** (4B **26**)
Albert Pl. *Exm* —3C **22**
Albert St. *Exe* —5B **4**
Albion Ct. Exm —3C **22**
  (off Union St.)
Albion Hill. *Exm* —2D **22**
Albion Pl. *Exe* —5B **4**
Albion Pl. *Exm* —3C **22**

Albion St. *Exe* —1G **9**
Albion St. *Exm* —2C **22**
Aldborough Ct. *Exm* —3E **23**
Aldens Grn. *Exe* —6H **9**
Aldens Rd. *Exe* —6H **9**
Aldrin Rd. *Exe* —2B **4**
Alexandra Ter. *Exe* —5C **4**
Alexandra Ter. *Exm* —3B **22**
Alexandra Wlk. *Exe* —1H **11**
Alford Clo. *Exe* —5G **5**
Alford Cres. *Exe* —5F **5**
Allervale Clo. *Exe* —2F **11**
Allhallows Ct. Exe
  —1H **9** (3A **26**)
Allington Mead. *Exe* —2G **3**
Alma Pl. *Exe* —1D **10**
Alpha Cen., The. *Sow I* —1B **12**
Alpha St. *Exe* —6D **4**
Alphin Brook Rd. *Mar B* —5H **9**
Alphington Rd. *Exe*
  —4H **9** (6A **26**)

Alphington Spur. *Exe* —5G **9**
Alphington St. *Exe*
  —1H **9** (4A **26**)
Altamira. *Top* —3F **17**
Ambassador Rd. *Exe B*
  —5A **6**
Amity Pl. *Top* —4F **17**
Anne Clo. *Exe* —3C **4**
Anson Rd. *Exm* —5E **21**
Anthony Rd. *Exe* —6D **4**
Antonine Cres. *Exe* —6E **3**
Apple Clo. *Exm* —4D **20**
Applehayes. *Exm* —4E **23**
Apple La. *Exe* —3A **12**
April Clo. *Exm* —4D **20**
Arcade. *Exe* —6A **4** (1D **26**)
Arch, The. *Wood* —5F **19**
Arcibald Rd. *Exe* —6B **4**
Arden Clo. *Bud S* —5E **25**
Ardenny Ct. *Exm* —4E **23**
Arena Pk. *Exe* —3F **5**

Argyll Rd. *Exe* —2G **3**
  (in two parts)
Armstrong Av. *Exe* —2B **4**
Armytage Rd. *Bud S* —3E **25**
Arthurs Clo. *Exm* —5F **21**
Arthur's Rd. *Exe* —3E **5**
Arundel Clo. *Exe* —6H **9**
Ash Ct. *Shi S* —4A **14**
Ash Farm Clo. *Exe* —3B **6**
Ashfield Clo. *Exm* —6G **21**
Ashford Rd. *Top* —3E **17**
Ash Gro. *Exe* —5D **20**
Ash Leigh. *Alp* —6G **9**
Ashleigh Clo. *Exe* —6F **3**
Ashleigh Mt. Rd. *Exe* —6E **3**
Ashleigh Rd. *Exm* —2D **22**
Ashton Rd. *Mar B* —4H **9**
Ashwood Rd. *Exe* —3H **9**
Aspen Clo. *Exe* —2G **11**
Athelstan Rd. *Exe* —6B **4**
Atkinson Clo. *Exe* —3E **5**

A-Z Exeter 27

Attwill's Almshouses—Castle La.

Attwill's Almshouses. *Exe* —5G **3**
Attwyll Av. *Exe* —1E **11**
Austin Clo. *Exe* —4G **5**
Avalon Clo. *Exe* —2E **5**
Avocet Rd. *Sow I* —6B **6**
Avondale Rd. *Exe* —1E **11**
Avondale Rd. *Exm* —1F **23**

Badger Clo. *Exe* —1H **11**
Bad Homburg Way. *Mar B* —6B **10**
Badon Clo. *Exe* —2E **5**
Bagshot Av. *Exe* —3B **10**
Bailey St. *Exe* —6A **4** (1C **26**)
Baker Pl. *Exe* —1F **11**
Baker St. *Exe* —1D **10**
Bakery La. *Exm* —2C **22**
Ballard Ct. *Exm* —6G **21**
Ball's Farm. *Ide* —4E **9**
Balmoral Gdns. *Top* —3F **17**
Bampfylde St. *Exe* —6A **4** (1D **26**)
Bankside. *Exm* —4E **21**
Bapton Clo. *Exm* —5D **20**
Bapton La. *Exm* —6D **20**
(in two parts)
Barbican Steps. *Exe* —6H **3** (2A **26**)
Baring Cres. *Exe* —6C **4**
Baring Ter. *Exe* —2A **10**
Barley Farm Rd. *Exe* —2E **9**
Barley La. *Exe* —6D **2**
Barley Mt. *Exe* —1E **9**
Barnardo Rd. *Exe* —2A **10**
Barnfield Av. *Exm* —2F **23**
Barnfield Cres. *Exe* —6A **4** (2D **26**)
Barnfield Hill. *Exe* —6B **4**
Barnfield Rd. *Exe* —6A **4** (2D **26**)
Barn La. *Bud S* —3D **24**
Barns Rd. *Bud S* —4F **25**
Barnstone Ct. *Exe* —6G **9**
Barrack La. *Shi A* —2C **14**
Barrack Rd. *Exe* —1C **10**
Barrowdale Clo. *Exm* —4E **21**
Bartholomew St. E. *Exe* —6H **3** (2A **26**)
Bartholomew St. W. *Exe* —1H **9** (2A **26**)
Bartholomew Ter. *Exe* —1H **9** (3A **26**)
Bartlett Mt. *Exe* —1B **10**
Barton Clo. *Ext* —6A **18**
Barton Ct. *Exe* —5G **5**
Barton La. *Shi A* —2A **14**
Barton Rd. *Exe* —2F **9**
Bassetts Gdns. *Exm* —5F **21**
Bath Rd. *Exm* —3C **22**
Baxter Clo. *Exe* —3H **11**
Bazley Sq. *Exe* —4A **6**
Beacon Av. *Exe* —4D **4**
(in two parts)
Beacon Heath. *Exe* —3F **5**
Beacon Hill. *Exm* —3C **22**
Beacon La. *Exe* —3E **5**
Beacon Pl. *Exm* —3C **22**
Beacon, The. *Exm* —3C **22**

Bear La. *Bud S* —2C **24**
Bear St. *Exe* —1A **10** (3C **26**)
Beaufort Rd. *Exe* —2G **9** (5A **26**)
Beaworthy Clo. *Exe* —4G **9**
Beck Cft. *Exe* —6D **4**
Bedford St. *Exe* —6A **4** (2C **26**)
Bedland's La. *Bud S* —3C **24**
Beech Av. *Exe* —3B **4**
Beeches Clo. *Wood* —6F **19**
Beechway. *Exm* —1D **22**
Bees Ter. *Kennf* —6C **14**
Belgrave Rd. *Exe* —6B **4**
Bell Ct. *Exe* —6H **3** (2A **26**)
Belle Vue Rd. *Exe* —2G **3**
(in two parts)
Belle Vue Rd. *Exm* —1C **22**
Belmont Rd. *Exe* —5B **4**
Belmont Ter. *Exm* —6E **21**
Belvedere Clo. *Top* —2E **17**
Belvedere Rd. *Exm* —2C **22**
Belvidere Rd. *Exe* —3G **3**
Bennett Clo. *Exe* —6G **9**
Bennett Sq. *Exe* —4E **5**
Berkshire Dri. *Exe* —2E **9**
Bernadette Clo. *Exe* —3G **5**
Berrybrook Mdw. *Exmin* —5B **16**
Berry Clo. *Exm* —1G **23**
Betony Ri. *Exe* —3G **11**
Bettysmead. *Exe* —3E **5**
Bettysmead Ct. *Exe* —4E **5**
Deverley Clo. *Exe* —2F **11**
Bicton Pl. *Exe* —6D **4**
Bicton Pl. *Exm* —3C **22**
Bicton St. *Exm* —3C **22**
Bicton Vs. *Exm* —3D **22**
Bidmead Clo. *Exm* —2G **23**
Bindon Rd. *Exe* —2A **6**
Binford Clo. *Exe* —6F **5**
Birch Rd. *Lymp* —2A **20**
Birchwood Rd. *Exm* —5F **21**
Birchy Barton Hill. *Exe* —1F **11**
Birdspring Wlk. *Exe* —3D **4**
Birkett Clo. *Exe* —2G **11**
Bishop Ct. Quarry. *Exe* —2A **12**
Bishops Ct. Ind. Est. *Exe* —2A **12**
Bishop's Ct. La. *Cly M* —3D **12**
Bishop Westall Rd. *Exe* —4E **11**
Bittern Rd. *Sow I* —6A **6**
Blackall Rd. *Exe* —5A **4**
Black Boy Rd. *Exe* —5B **4**
Black Hat La. *Long* —3A **8**
Blackhorse La. *Exe* —4C **6**
Blackmore Ct. *Exm* —6G **21**
Blackthorn Cres. *Exe* —6G **5**
Blenheim Ct. *Exe* —5A **10**
(off Lustleigh Clo.)
Blenheim Rd. *Exe* —4H **9**
Blueberry Downs. *Bud S* —5G **25**
Blue Cedar Ct. *Exm* —3D **22**
Bluecoat La. *Exe* —6A **4** (2C **26**)
Bluehayes La. *Broad* —1H **7**
Boarden Barn. *Exm* —3D **22**
Bodley Clo. *Exe* —5F **5**
Bodley Ho. *Exe* —5F **5**

Bond's La. *Wood S* —4E **19**
Bonfire La. *Wood* —5F **19**
Bonhay Rd. *Exe* —5G **3** (1A **26**)
Bonnington Gro. *Exe* —6D **4**
Bonville Clo. *Exe* —5F **5**
Booth Way. *Exm* —5D **20**
Boucher Rd. *Bud S* —4F **25**
Boucher Way. *Bud S* —4F **25**
Bourn Ri. *Exe* —2H **5**
Bovemoor's La. *Exe* —1D **10**
Bowhay La. *Exe* —1E **9**
Bowling Green Marsh Nature
Reserve. —4G **17**
Bowling Grn. Rd. *Top* —4G **17**
Bowring Clo. *Exe* —5F **5**
Boyne Rd. *Bud S* —3E **25**
Brackendale. *Exm* —3E **21**
Brackenwood. *Exm* —6E **21**
Bradfield Rd. *Exe* —3H **5**
Bradford Clo. *Exm* —4E **21**
Bradham Ct. *Exm* —1F **23**
Bradham La. *Exm* —1F **23**
Bradninch Pl. *Exe* —6H **3** (1B **26**)
Bramble Clo. *Bud S* —4F **25**
Bramley Av. *Exe* —6G **5**
Branscombe Clo. *Exe* —1E **9**
Brent Clo. *Wood* —5G **19**
Brenton Rd. *Kennf* —6A **14**
Brentor Clo. *Exe* —4F **3**
Breton Way. *Exm* —6G **21**
Bretteville Clo. *Wood* —5G **19**
Driar Av. *Exe* —4D **10**
Briar Clo. *Exm* —1F **23**
Brickleigh Clo. *Exe* —2H **5**
Bridford Rd. *Mar B* —4A **10**
Bridge Cotts. *Exe* —4B **4**
Bridge Ct. *Exe* —2A **26**
Bridge Hill. *Top* —3F **17**
Bridgehill Gth. *Top* —3F **17**
Bridge Rd. *Bud S* —3F **25**
Bridge Rd. *Exmin* —1H **15**
Bridge Rd. *Exm* —1C **22**
Bridges Av. *Exm* —4E **21**
Bridspring Rd. *Exe* —3D **4**
Brimpenny Rd. *Exm* —6E **21**
Brittany Rd. *Exm* —4E **21**
Britten Dri. *Exm* —1F **11**
Brixington Dri. *Exm* —5F **21**
Brixington La. *Exm* —6E **21**
(in two parts)
Broadfields Rd. *Exe* —1G **11**
Broadgate. *Exe* —6H **3** (2B **26**)
Broadleaf Clo. *Exe* —4A **6**
Broadmead. *Exm* —5F **21**
Broadmead. *Wood* —5F **19**
Broadmeadow Av. *Exe* —2F **9**
Broad Pk. Rd. *Exm* —6E **21**
Broadparks Av. *Exe* —2A **6**
Broadparks Clo. *Exe* —2A **6**
Brookway. *Exe* —5F **5**
Broadway. *Exe* —3F **9**
Broadway. *Wood* —6F **19**
Broadway Hill. *Exe* —3E **9**
Broadway, The. *Exm* —1G **23**
Brodick Clo. *Exe* —3B **4**
Brook Clo. *Exe* —4F **5**
Brooke Av. *Exe* —3D **10**
Brookfield Gdns. *Exe* —5H **9**
Brook Grn. Ter. *Exe* —5B **4**

Brookhayes Clo. *Exm* —1D **22**
Brooklands Rd. *Exm* —6F **21**
Brookleigh Av. *Exe* —1F **11**
Brooklyn Pk. *Exm* —6E **21**
Brook Mdw. *Exm* —6E **21**
Brook Mdw. Ct. *Bud S* —4C **24**
Brook Rd. *Bud S* —5E **25**
Brookside Cres. *Exe* —2F **5**
Broom Clo. *Exe* —1E **11**
Brownlees. *Exmin* —4A **16**
Brownling Clo. *Exe* —2E **11**
Brunswick St. *Exe* —1G **9**
Bryon Way. *Exm* —4E **21**
Buckerell Av. *Exe* —3C **10**
Buckingham Clo. *Exm* —2G **23**
Bucknill Clo. *Exmin* —4A **16**
Buddle La. *Exe* —1F **9**
Bude St. *Exe* —6A **4** (1D **26**)
Budlake Rd. *Mar B* —5A **10**
Buller Rd. *Exe* —1G **9**
Bull Mdw. Rd. *Exe* —1A **10** (4D **26**)
Bungalow La. *Exe* —2B **10**
Bunn Rd. *Exm* —3F **21**
Burch Clo. *Exm* —5G **21**
Burgmanns Hill. *Lymp* —2A **20**
Burnet Clo. *Exe* —3G **11**
Burns Av. *Exe* —3D **10**
Burnside. *Exm* —6D **20**
Burnthouse La. *Exe* —3D **10**
Burrator Dri. *Exe* —5E **3**
Butts Rd. *Exe* —1E **11**
Byron Rd. *Exe* —1G **11**
Bystock Clo. *Exe* —5H **3** (1A **26**)
Bystock M. *Bys* —4G **21**
Bystock Rd. *Exm* —3F **21**
Bystock Ter. *Exe* —5H **3** (1A **26**)

California Clo. *Exe* —1B **4**
Calthorpe Rd. *Exe* —4D **4**
Cambridge St. *Exe* —1G **9**
Camelot Clo. *Exe* —3E **5**
Camperdown Ter. *Exm* —3A **22**
Campion Gdns. *Exe* —3F **11**
Canal Banks. *Exe* —3A **10**
Canberra Clo. *Exe* —2C **4**
Candy's Path. *Lymp* —2A **20**
Canon Way. *Exe* —6H **9**
Canterbury Rd. *Exe* —5E **3**
Canterbury Way. *Exm* —3G **21**
Capel Cotts. *Exm* —2H **23**
Capel La. *Exm* —1H **23**
Carberry Av. *Exm* —6C **20**
Carders Ct. *Exe* —1H **9** (4A **26**)
Carlile Rd. *Exe* —1E **11**
Carlton Hill. *Exm* —4C **22**
Carlton Rd. *Exe* —2F **11**
Carlyon Clo. *Exe* —6E **5**
Carlyon Gdns. *Exe* —6E **5**
Caroline Clo. *Exm* —6F **21**
Carpenter Clo. *Exe* —1H **9**
Carter Av. *Exm* —1C **22**
Castle La. *Exm* —2H **23**
(in two parts)
Castle La. *Wood* —5G **19**

28 A-Z Exeter

Castle St.—Days-Pottles La.

Castle St. *Exe* —6A **4** (1C **26**)
Cathedral Clo. *Exe*
—6A **4** (2C **26**)
Cathedral Yd. *Exe*
(in two parts) —6A **4** (2B **26**)
Catherine St. *Exe*
—6A **4** (2C **26**)
Cauleston Clo. *Exm* —5C **20**
Causey Gdns. *Exe* —3B **6**
Causey La. *Exe* —3B **6**
Cavendish Rd. *Exe* —6D **4**
Cecil Rd. *Exe* —2G **9** (5A **26**)
Cedar Clo. *Exm* —4F **21**
Cedars Rd. *Exe*
—2A **10** (5D **26**)
Celia Cres. *Exe* —2E **5**
Cemetery Pl. *Exe*
—6H **3** (2A **26**)
Central Av. *Exe* —1D **16**
(EX2)
Central Av. *Exe* —2F **5**
(EX4)
Chamberlain Rd. *Exe*
—2H **9** (6B **26**)
Chancel Ct. *Exe* —3H **5**
Chancel La. *Exe* —3H **5**
Chancellor's Way. *Exe* —2E **5**
Chandlers Wlk. *Exe*
—2H **9** (6B **26**)
Chantry Mdw. *Exe* —6H **9**
Chapel Hill. *Bud S* —4E **25**
Chapel Hill. *Exm* —3C **22**
Chapel Pl. *Top* —3F **17**
Chapel Rd. *Exe* —5H **9**
Chapel Rd. *Lymp* —2A **20**
Chapel St. *Bud S* —5E **25**
Chapel St. *Exe* —6A **4** (2C **26**)
Chard Rd. *Exe* —6E **5**
Chardstock Clo. *Exe* —6H **5**
Charingthay La. *Exe* —4C **4**
Charles St. *Exm* —2C **22**
Charney Av. *Exe* —1E **9**
Chatham Clo. *Exm* —6F **21**
Chaucer Av. *Exe* —3D **10**
Cheeke St. *Exe* —6B **4**
Chelmsford Rd. *Exe* —6D **2**
Cheltenham Clo. *Exe* —5C **2**
Chepstowe Clo. *Exe* —6F **11**
Cheriswood Av. *Exm* —6F **21**
Cheriswood Clo. *Exm* —6F **21**
Cherry Clo. *Exm* —4E **21**
Cherry Gdns. *Exe* —2E **11**
Cherry Tree Clo. *Exe* —1G **3**
Cheshire Rd. *Exe* —6C **4**
Chester Clo. *Exe* —5E **3**
Chestnut Av. *Exe* —3E **11**
Chestnut Clo. *Exm* —5C **21**
Chestnut Ct. *Exe* —6H **9**
Cheynegate La. *Exe* —1G **5**
Cheyne Ri. *Exe* —2H **5**
Chichester Clo. *Exm* —2E **23**
Chichester Ho. *Exe* —1F **11**
Chichester M. *Exe*
—6A **4** (2D **26**)
Christow Rd. *Mar B* —4H **9**
Chudleigh Clo. *Exe* —6H **9**
Chudley Clo. *Exm* —6F **21**
Churchfield Path. *Exe*
—2H **9** (5A **26**)
(nr. Beaufort Rd.)

Churchfield Path. *Exe* —2G **9**
(nr. Church Rd.)
Church Hill. *Pin* —1G **5**
Churchill Ct. *Lymp* —1A **20**
Churchill Rd. *Exe* —2F **9**
Churchill Rd. *Exm* —5F **21**
Church La. *Cly M* —4D **12**
Church La. *Exe* —5A **4** (1D **26**)
Church La. *Hea* —1D **10**
Church La. *Pin* —2H **5**
Church La. *St T* —2G **9**
Church Path. *Exe*
—5H **3** (1A **26**)
Church Path. *Top* —3F **17**
Chu. Path La. *Hea* —1E **11**
Churchpath Rd. *Exe* —3F **9**
Church Rd. *Alp* —4H **9**
Church Rd. *Exm* —2C **22**
Church Rd. *Lymp* —2A **20**
Church Rd. *St T*
—2G **9** (5A **26**)
Churchside. *Cly H* —5F **7**
Churchstile. *Exmin* —4B **16**
Church Stile La. *Wood* —5F **19**
Church St. *Exm* —3C **22**
Church St. *Hea* —1D **10**
Church Ter. *Exe* —1D **10**
Chute St. *Exe* —5B **4**
City Arc. *Exe* —1H **9** (3B **26**)
City Ind. Est. *Exe* —2A **10**
Clapperbrook La. *Exe* —5H **9**
Clara Pl. *Top* —3E **17**
Claredale Rd. *Exm* —3D **22**
Claremont Gro. *Exe* —2B **10**
Claremont Gro. *Exm* —2D **22**
Claremont La. *Exm* —2E **23**
Clarence Pl. *Exe* —5B **4**
Clarence Rd. *Bud S* —4E **25**
Clarence Rd. *Exe* —1G **9**
Clarence Rd. *Exm* —2C **22**
Clarke Mead. *Exe* —2G **11**
Clay La. *Exm* —3A **20**
Clayton Rd. *Exe* —5G **3**
Clerk Clo. *Exm* —5E **21**
Clevedon Clo. *Exe* —3B **4**
Cleveland Ct. *Exe* —5B **4**
Cleveland Pl. *Exm* —3B **22**
Cleveland St. *Exe* —1G **9**
Cleve Rd. *Exe* —6F **3**
Cliff Baston Clo. *Exe* —2G **11**
Cliff La. *Bud S* —3H **25**
Clifford Clo. *Exe* —5F **5**
Clifford Rd. *Exe* —4D **4**
Cliff Path. *Bud S* —6B **24**
Cliff Rd. *Bud S* —5E **25**
Cliff Ter. *Bud S* —5E **25**
Clifton Hill. *Exe* —5C **4**
Clifton Rd. *Exe* —6B **4**
Clifton St. *Exe* —6B **4**
Clinton Av. *Exe* —4C **4**
Clinton Clo. *Bud S* —3D **24**
Clinton Sq. *Exm* —3B **22**
Clinton St. *Exe* —1G **9**
Clinton Ter. *Bud S* —3E **25**
Cliston Av. *Exm* —5F **21**
Cloister Rd. *Exe* —4D **4**
Cloisters. *Exe* —6A **4** (3C **26**)
Cluden Clo. *Exe* —6H **9**
Clydesdale Rd. *Exe* —3G **3**
Clyst Halt Av. *Exe* —3A **12**

Clyst Hayes Ct. *Bud S* —4C **24**
Clyst Heath. *Exe* —3H **11**
Clystide. *Cly H* —4F **7**
Clyst Rd. *Top* —1E **17**
Clyst Valley. *Cly M* —4D **12**
Coastguard Hill. *Bud S* —5F **25**
Coastguard Rd. *Bud S* —4F **25**
Coates Rd. *Exe* —1F **11**
Codrington St. *Exe* —6B **4**
Coffins La. *Exmin* —5H **15**
Cofton Rd. *Mar B* —5B **10**
Colands Ct. *Exe* —6G **9**
Coleridge Clo. *Exm* —3E **21**
Coleridge Rd. *Exe* —2F **9**
College Av. *Exe* —1B **10**
College La. *Ide* —4C **8**
College Rd. *Exe* —1B **10**
College, The. *Ide* —4D **8**
Colleton Clo. *Exm* —1E **23**
Colleton Cres. *Exe* —1A **10**
Colleton Gro. *Exe*
—2A **10** (5D **26**)
Colleton Hill. *Exe*
—2A **10** (5C **26**)
Colleton M. *Exe*
—2A **10** (5D **26**)
Colleton Row. *Exe*
—2A **10** (5D **26**)
Colleton Way. *Exm* —1E **23**
Collins La. *Exe* —2B **4**
Colliver La. *Bud S* —1H **25**
Colvin Clo. *Exm* —2F **23**
Comilla Clo. *Exm* —4E **21**
Commercial Rd. *Exe*
—1H **9** (4A **26**)
Commin's Rd. *Exe* —5D **4**
Concorde Rd. *Exm* —6G **21**
Connections Discovery Centre.
—6A **4** (1C **26**)
Conrad Av. *Exe* —4F **5**
Conybeare Clo. *Exe* —5E **5**
Cook Sq. *Exmin* —5B **16**
Coombe St. *Exe*
—1A **10** (3C **26**)
Copperfield Clo. *Exm* —6G **21**
Copp Hill La. *Bud S* —3E **25**
(in two parts)
Coppledown Gdns. *Bud S*
—3C **24**
Copplestone Rd. *Bud S*
—4E **25**
Copse. *Exm* —5G **21**
Copse, The. *Exe* —1C **16**
Cordery Rd. *Exe* —3F **9**
Cornflower Hill. *Exe* —4D **2**
Cornmill Cres. *Exe* —5G **9**
Cornwall St. *Exe* —1G **9**
Coronation Rd. *Exe* —2E **11**
Cotfield St. *Exe* —3A **10**
Cotterell Clo. *Broad* —2G **7**
Cottey Cres. *Exe* —2E **5**
Cottles La. *Wood* —4G **19**
Countess Wear Rd. *Exe*
—5E **11**
Couper Meadows. *Exe* —3H **11**
Courtenay Gdns. *Alp* —6G **9**
Courtenay Rd. *Exe* —3H **9**
Courtlands La. *Exm* —3B **20**
Coventry Clo. *Exe* —6F **3**
Coverdale Rd. *Exe* —3H **9**

Cowick Hill. *Exe* —3E **9**
Cowick La. *Exe* —4G **9**
Cowick Rd. *Exe* —2G **9**
Cowick St. *Exe* —2F **9** (5A **26**)
Cowley Bri. Rd. *Exe* —1F **3**
Cowper Av. *Exe* —3C **10**
Crabb La. *Exe* —4G **9**
Craig Cotts. *Cly M* —3C **12**
Cranbrook Rd. *Exe* —1E **11**
Cranford Av. *Exm* —3E **23**
Cranford Clo. *Exm* —3E **23**
Cranford Ho. *Exm* —3F **23**
Cranford Vw. *Exm* —3E **23**
Cranmere Ct. *Exe* —5A **10**
Crawford Gdns. *Exe* —3G **9**
Creadly La. *Top* —2F **17**
Crealy Farm Park. —4H **13**
Crediton Rd. *Cow* —1F **3**
Creely Clo. *Exe* —6A **10**
Crescent, The. *Exm* —1G **23**
Cricketfield Ct. *Bud S* —4E **25**
Cricket Fld. La. *Bud S* —4E **25**
Cricklepit St. *Exe*
—1H **9** (4B **26**)
Critchards. *Wood* —6G **19**
Criterion Pl. *Exm* —3C **22**
(off High St. Exmouth,)
Crockwells Clo. *Exmin* —5B **16**
Crockwells Rd. *Exmin* —5B **16**
Croft Chase. *Exe* —2E **9**
Cromwell Ct. *Exe* —1E **11**
Crossingfields Dri. *Exm*
—6C **20**
Crossmead Vs. *Exe* —3D **8**
Cross Vw. *Exe* —5H **9**
Cross Vw. Ter. *Ide* —4E **9**
Crowder's Hill. *Exm* —4D **20**
Crudges La. *Exm* —2C **22**
Culverland Clo. *Exe* —4B **4**
Culverland Rd. *Exe* —4B **4**
Culvery Clo. *Wood* —5G **19**
Cumberland Ct. *Exm* —6F **21**
Cunningham Rd. *Exm* —5F **21**
Curlew Way. *Exe* —2A **4**
Cutteridge La. *White* —1A **8**
Cygnet Ind. Units. *Sow I*
—1A **12**
Cypress Dri. *Exe* —5F **3**
Cyprus Rd. *Exm* —3D **22**

Dagmar Rd. *Exm* —3C **22**
Dairy Clo. *Exmin* —5B **16**
Daisy Links. *Exe* —4D **2**
Dalditch La. *Bud S* —2A **24**
Daleside Rd. *Exe* —3C **4**
Danby La. *Exm* —2C **22**
Danby Ter. *Exm* —2C **22**
Danes Rd. *Exe* —5H **3**
Danesway. *Exe* —2A **6**
Dark La. *Bud S* —3D **24**
Dark La. *Exmin* —6H **15**
Darwin Ct. *Exe*
—1A **10** (4D **26**)
Dawlish Pk. Ter. *Exm* —3B **20**
Dawlish Rd. *Exe* —6H **9**
Dawlish Rd. *Exmin* —1G **15**
Dawn Clo. *Exe* —6E **5**
Days-Pottles La. *Exmin*
—4E **15**

A-Z Exeter 29

Deacon Clo.—Frog St.

Deacon Clo. *Exe* —6H **9**
Deanery Pl. *Exe* —3C **26** (off South St.)
Dean St. *Exe* —1A **10** (4D **26**)
Deepdene Pk. *Exe* —2C **10**
Deepway Ct. *Exmin* —4A **16**
Deepway Gdns. *Exmin* —4H **15**
Deepway La. *Matf* —3F **15** (in two parts)
Deepways. *Bud S* —3C **24**
De La Rue Way. *Exe* —3H **5**
Delderfield Gdns. *Exm* —3E **23**
Delius Cres. *Exe* —1G **11**
Dene Clo. *Exm* —6F **21**
Dening Ct. *Exm* —1D **22**
Denise Clo. *Exe* —6H **9**
Denmark Rd. *Exe* —1B **10**
Denmark Rd. *Exm* —1F **23**
Denver Clo. *Top* —2E **17**
Denver Rd. *Top* —2E **17**
Devon County Showground. (Westpoint) —3F **13**
Devon Rd. *Exe* —4D **4**
Devonshire Pl. *Exe* —4B **4**
Devonshire Regimental Museum. —3C **10**
Diamond Rd. *Exe* —2H **9** (5B **26**)
Diane Clo. *Exm* —3F **21**
Dickens Dri. *Exe* —3D **10**
Dick Pym Clu. *Exe* —2G **11**
Digby Dri. *Exe* —3H **11**
Digby Ho. *Exe* —3H **11**
Dinan Way. *Exe* —3E **21**
Dinham Cres. *Exe* —6H **3** (2A **26**)
Dinham M. *Exe* —2A **26**
Dinham Rd. *Exe* —6H **3** (2A **26**)
Dix's Fld. *Exe* —6A **4** (2D **26**)
Dock Rd. *Exe* —3A **22**
Doctors Wlk. *Exe* —3D **8** (in two parts)
Dorchester Way. *Exm* —3F **21**
Doriam Clo. *Exe* —2A **4**
Dorset Av. *Exe* —2E **9**
Dotton Clo. *Exe* —6H **5**
Douglas Av. *Exe* —4D **22**
Douglas Ct. *Exm* —3E **23**
Dove Way. *Exo P* —3D **8**
Drake Av. *Exe* —1H **11**
Drake's Av. *Exm* —1F **23**
Drakes Farm. *Ide* —4E **9**
Drakes Gdns. *Exm* —1F **23**
Drakes Rd. *Exe* —2G **9**
Draycott Clo. *Exe* —2E **11**
Dryden Rd. *Exe* —2D **10**
Dryfield. *Exmin* —4B **16**
Duckworth Rd. *Exe* —3G **9**
Duke of Cornwall Clo. *Exm* —6G **21**
Dukes Cres. *Exm* —6G **21**
Duke's Rd. *Bud S* —3D **24**
Dunchideock Rd. *Exe* —6D **8**
Dunrich Clo. *Exe* —1B **10**
Dunsford Clo. *Exm* —3F **23**
Dunsford Gdns. *Exe* —3E **9**
Dunsford Rd. *Exe* —3D **8**

Dunvegan Clo. *Exe* —4G **3**
Durham Clo. *Exe* —5G **5**
Durham Clo. *Exm* —3F **21**
Dutch Ct. *Top* —4F **17**
Dyers Ct. *Exe* —1H **9** (4A **26**)

Eager Way. *Exmin* —3H **15**
Eagle Cotts. *Exe* —1G **9**
Eagles Nest. *Exe* —2D **8**
Eagle Way. *Sow I* —2B **12**
Eagle Yd. *Exe* —3A **26**
Earl Richards Rd. N. *Exe* —3C **10**
Earl Richards Rd. S. *Exe* —4D **10**
East Av. *Exe* —5C **4**
E. Budleigh Rd. *Bud S* —1F **25**
East Dri. *Exm* —6C **20**
Eastern Av. *Exe* —1C **16**
Eastgate. *Exe* —6A **4** (1D **26**)
E. Grove Rd. *Exe* —2B **10**
E. John Wlk. *Exe* —6C **4**
East Ter. *Bud S* —4E **25**
East Ter. *Exe* —6E **5**
E. View Ter. *Exe* —4B **4**
E. Wonford Hill. *Exe* —1E **11**
Eaton Dri. *Exe* —6B **4**
Ebford Rd. *Ebf* —4A **18**
Ebrington Rd. *Exe* —3H **9**
Edgebaston Mead. *Exe* —2G **11**
Edgerton Pk. Rd. *Exe* —4R **4**
Edinburgh Cres. *Lymp* —1A **20**
Edinburgh Dri. *Exe* —6E **3**
Edmonton Clo. *Exe* —4E **5**
Edmund St. *Exe* —1H **9** (4A **26**)
Edwin Rd. *Exe* —3H **9** (6A **26**)
Egham Av. *Exe* —3B **10**
Egremont Rd. *Exm* —1C **22**
Elaine Clo. *Exe* —3E **5**
Eldertree Gdns. *Exe* —5G **3**
Elgar Clo. *Exe* —1G **11**
Elizabeth Av. *Exe* —4C **4**
Elizabeth Rd. *Exm* —5E **21**
Ellards Clo. *Exe* —3C **10**
Elliott Clo. *Exe* —2C **4**
Ellwood Rd. *Exm* —5F **21**
Elmbridge Gdns. *Exe* —4G **3**
Elmbrook. *Exe* —5H **3**
Elmdon Clo. *Exe* —3B **4**
Elmfield Cres. *Exm* —5C **20**
Elm Gro. *Exe* —5H **3**
Elm Gro. *Exm* —3B **22**
Elm Gro. Av. *Top* —3F **17**
Elm Gro. Gdns. *Top* —3F **17**
Elm Gro. Rd. *Top* —3F **17**
Elm La. *Exm* —2H **23**
Elm Rd. *Exm* —2E **23**
Elmside. *Bud S* —4E **25**
Elmside. *Exe* —5C **4**
Elmside Clo. *Exe* —5C **4**
Elton Rd. *Exe* —4C **4**
Elvis Rd. *Exe* —2F **23**
Elwyn Rd. *Exm* —2E **23**
Ely Clo. *Exe* —6D **2**
Emardon Hill. *Exe* —3H **3**
Emmanuel Ct. *Exe* —1G **9**
Emmanuel Rd. *Exe* —1G **9**

Emmnsfield. *Exm* —2F **23**
Emperor Way. *Exe B* —6A **6**
Endfield Clo. *Exe* —6F **5**
Endsleigh Cres. *Cly H* —5D **6**
Ennerdale Wlk. *Exe* —6F **3**
Esplanade. *Exm* —3B **22**
Essex Clo. *Exe* —3B **4**
Essington Clo. *Exm* —4D **20**
Essington Ct. *Exm* —4D **20**
Estuary Ct. *Exm* —3A **22**
Estuary Vw. *Bud S* —4F **25**
Etonhurst Clo. *Exe* —3H **11**
Evans Cotts. *Bud S* —4D **24**
Everall Vs. *Lymp* —1A **20**
Evergreen Clo. *Exm* —4F **21**
Evert Clo. *Exm* —1G **23**
Ewings Sq. *Exe* —1H **9** (4B **26**)
Excalibur Clo. *Exe* —3E **5**
Exe Bri. N. *Exe* —1H **9** (4A **26**)
Exe Bri. S. *Exe* —1H **9** (4A **26**)
Exe St. *Exe* —6H **3** (2A **26**)
Exe St. *Top* —3F **17**
Exeter Bus. Pk. *Exe* —5A **6**
Exeter Guildhall. —2C **26**
Exeter Rd. *Exe* —1D **16**
Exeter Rd. *Exm* —4C **20**
Exe Va. Rd. *Exe* —5E **11**
Exe Vw. Cotts. *Exe* —4F **3**
Exe Vw. Rd. *Lymp* —1D **20**
Exhibition Way. *Exe* —3G **5**
Exminster Marshes Bird Sanctuary. —5D **16**
Exminster Hill. *Exmin* —6A **16**
Exmouth Ct. *Exm* —3D **22**
Exmouth Express. (Miniature Railway) —4C **22**
Exmouth Lifeboat Station. —4C **22**
Exmouth Museum. —2C **22**
Exmouth Rd. *Ayl* —4C **12** (in two parts)
Exmouth Rd. *Bud S* —4B **24**
Exton La. *Ext* —6A **18**
Exton Rd. *Mar B* —3A **10**
Exview Cotts. *Exmin* —4A **16**
Exwick Ct. *Exe* —4F **3**
Exwick La. *Exe* —5D **2** (in two parts)
Exwick Rd. *Exe* —4F **3**
Exwick Vs. *Exe* —5F **3**

Fairfax Gdns. *Exe* —4H **9**
Fairfield Av. *Exe* —4G **5**
Fairfield Clo. *Exm* —3D **22**
Fairfield Rd. *Exe* —6H **9**
Fairfield Rd. *Exm* —3D **22**
Fairfield Ter. *Exe* —2G **9** (6A **26**)
Fairhazel Dri. *Exe* —5F **3**
Fairlynch Museum & Arts Centre. —5F **25**
Fairmead Ct. *Exe* —3A **6**
Fairpark Clo. *Exe* —1B **10**
Fairpark Rd. *Exe* —1A **10** (4D **26**)
Fairview Av. *Cly M* —4F **13**
Fairview Ter. *Exe* —3B **6**
Fairview Ter. *Exm* —2D **22**
Fairway, The. *Exe* —3C **4**

Falcon Rd. *Sow I* —2A **12**
Falkland Clo. *Exe* —2C **4**
Fancett Clo. *Exe* —4A **6**
Farleys Ct. *Exe* —3E **17**
Farm Clo. *Exe* —2G **11**
Farm Hill. *Exe* —4D **2**
Farmhouse Av. *Exe* —4B **6**
Farmhouse Ri. *Exmin* —4H **15**
Featherbed La. *Exe* —5C **20**
Featherstone Rd. *Exm* —5C **20**
Feltrim Av. *Exe* —3B **10**
Ferndale Gdns. *Exe* —2G **9**
Ferndale Rd. *Exe* —2G **9**
Fernpark Clo. *Exe* —4C **10**
Ferry Rd. *Top* —3E **17**
Festive Way. *Exmin* —4A **16**
Filmer Way. *Mar B* —3H **9**
Fingle Clo. *Exe* —4E **3**
Firs Pk. *Bak H* —3C **8**
First Av. *Exe* —6D **4** (EX1)
First Av. *Exe* —1C **16** (EX2)
Flayes Almshouses. *Exe* —4G **5**
Florida Dri. *Exe* —2A **4**
Flowerpot La. *Exe* —1G **9**
Flower St. *Wood* —5G **19**
Follett Rd. *Top* —3E **17**
Fordland Bottom Rd. *Long* —4A **8** (in two parts)
Fords Rd. *Exe* —2H **9** (6B **26**)
Fore Hill. *Bud S* —4F **25**
Fore St. *Bud S* —5E **25**
Fore St. *Exe* —1H **9** (3A **26**)
Fore St. *Exm* —3C **22**
Fore St. *Hea* —1D **10**
Fore St. *Ide* —4E **9**
Fore St. *Top* —3F **17**
Fore St. Cen. *Exe* —3A **26**
Forge Clo. *Bud S* —3D **24**
Fortescue Rd. *Exe* —3H **9**
Forton Rd. *Exm* —6E **21**
Fountain Hill. *Bud S* —5D **24**
Fouracre Clo. *Exe* —3E **5**
Fowey Clo. *Exe* —5D **4**
Fowler Clo. *Exmin* —4A **16**
Foxhayes Rd. *Exe* —6F **3**
Foxholes Hill. *Exm* —5E **23**
Fox Rd. *Exe* —2F **5**
Foxtor Rd. *Exe* —4E **3**
Frances Homes. *Exe* —6B **4**
Francis Clo. *Exe* —2F **9**
Francis Ct. *Exe* —1C **10**
Franklin St. *Exe* —1A **10** (4D **26**)
Franklyn Clo. *Exe* —3F **9**
Franklyn Dri. *Exe* —3F **9**
Fraser Rd. *Exm* —5F **21**
Freelands Clo. *Exm* —1F **23**
Frewins. *Bud S* —3D **24**
Friars Ga. *Exe* —1A **10** (4C **26**)
Friars' Wlk. *Exe* —1A **10** (4C **26**)
Friernhay St. *Exe* —1H **9** (3A **26**)
Frobisher Rd. *Exm* —5E **21**
Frog La. *Cly M* —3C **12**
Frog St. *Exe* —1H **9** (4A **26**)

30 A-Z Exeter

Fulford Rd.—Hollymount Clo.

Fulford Rd. *Exe* —5D **4**
Fulford Way. *Wood* —5G **19**
Fullers Ct. *Exe* —1H **9** (4B **26**)
Furze Rd. *Wood* —5G **19**

Gables, The. *Exm* —3F **23**
Gabriel Ct. *Exe* —4B **26**
Gallahad Clo. *Exe* —3E **5**
Galmpton Ri. *Exe* —3C **4**
Galsworthy Sq. *Exe* —4G **5**
Gandy St. *Exe* —6H **3** (1B **26**)
Garden Clo. *Exe* —2G **11**
Garden Ct. *Bud S* —4E **25**
Gareth Cres. *Exe* —2D **4**
Garland Clo. *Exe* —4D **2**
Garratt Rd. *Exm* —4E **21**
Garside Rd. *Exe* —6A **10**
Gater La. *Exe* —1A **10** (3C **26**)
Geneva Clo. *Exe* —2C **10**
Georges Clo. *Exe* —6F **5**
George St. *Exe*
—1H **9** (3B **26**)
George St. *Exm* —2C **22**
Gervase Av. *Exe*
—2H **9** (5A **26**)
Gibraltar Rd. *Lymp* —1A **20**
Gibson Clo. *Exm* —6G **21**
Gilbert Av. *Exe* —3E **9**
Gipsy Hill La. *Exe* —4B **6**
Gipsy La. *Exe* —4B **6**
Gipsy La. *Exm* —1C **22**
Gissons. *Exmin* —4B **16**
Gittisham Clo. *Exe* —6H **5**
Glade Way. *Cly M* —4G **13**
Gladstone Rd. *Exe* —6C **4**
Glasshouse La. *Exe* —6E **11**
Glastonbury Clo. *Exe* —2E **5**
Glave Saunders Av. *Exe*
—2G **11**
Glebe Clo. *Exm* —2H **23**
Glebe Clo. *Lymp* —1A **20**
Glebelands. *Exmin* —4A **16**
Glebelands. *Lymp* —1A **20**
Glen Clo. *Cly M* —4G **13**
Glenmore Rd. *Exe* —1E **11**
Glenorchy Ct. *Exm* —2C **2**
(off Exeter Rd.)
Glenthorne Rd. *Exe* —3G **3**
Glen Wlk. *Exe* —2B **4**
Glenwood Ri. *Exe* —2B **10**
Globefield. *Top* —3F **17**
Globe Hill. *Wood* —5F **19**
Globe La. *Top* —4F **17**
Gloucester Rd. *Exe* —5E **3**
Gloucester Rd. *Exm* —4F **21**
Goat Wlk. *Top* —5F **17**
Goldsmith St. *Exe*
—6H **3** (2B **26**)
Goldsmith St. *Hea* —6D **4**
Good Shepherd Dri. *Exe*
—1A **10** (4D **26**)
Gordon Rd. *Exe* —5C **2**
Gordon Rd. *Top* —2E **17**
Gore La. *Exm* —4G **23**
Gorfin Clo. *Exm* —1G **23**
Gorse La. *Exm* —3F **21**
Goverts. *Wood* —5G **19**
Goy Gth. *Exe* —3B **4**
Grace Rd. *Mar B* —4H **9**

Grafton Rd. *Exe* —3G **3**
(in three parts)
Grainger Clo. *Exe* —1G **11**
Granary La. *Bud S* —3F **25**
Grandisson Ct. *Exe* —4E **11**
Grange Av. *Exm* —1D **22**
Grange Clo. *Exm* —1D **22**
Grange Clo. *Lymp* —2B **20**
Grasslands Dri. *Exe* —4B **6**
Gt. Duryard Cotts. *Exe* —2F **3**
Great Exmouth OO Model
Railway, The. —4C **22**
Gt. Hill Vw. *Exe* —2C **4**
Greatwood Ter. *Top* —3E **17**
Grecian Way. *Exe* —2G **11**
Greenacres. *Exe* —1G **3**
Green Clo. *Exm* —1E **23**
Greendale La. *Cly M* —6H **13**
Greenhaven. *Bud S* —3D **24**
Greenhill Av. *Exm* —2E **23**
Greenhill Av. *Lymp* —2A **20**
Green La. *Exe* —1E **9**
Green La. *Ext* —6H **17**
Green M. *Bud S* —4E **25**
Greenpark Av. *Exe* —5H **5**
Greenpark Rd. *Exm* —5F **21**
Green, The. *Exm* —1H **23**
Green, The. *Ide* —5D **8**
Greenway. *Exe* —3E **9**
Greenway. *Wood* —5F **19**
Greenway La. *Bud S* —3D **24**
Greenwood Av. *Exe* —1H **11**
Grenadier Rd. *Exe B* —5A **6**
Grendon Bldgs. *Exe* —3B **26**
Grendon Rd. *Exe* —6C **4**
Grenville Av. *Exe* —4H **5**
Grenville Rd. *Exm* —5E **21**
Grindle Way. *Cly M* —4D **12**
Grove Hill. *Top* —3F **17**
Grovsenor Pl. *Exe* —5B **4**
Guildford Clo. *Exe* —6E **3**
Guildhall Shop. Cen. *Exe*
—2B **26**
Guinea St. *Exe* —1H **9** (3B **26**)
Guinevere Way. *Exe* —3E **5**
Guinness La. *Exe* —4E **3**
Gussiford La. *Exm* —3C **22**
Guys Rd. *Exe* —6F **3**

Haccombe Clo. *Exe* —1E **9**
Hadlow Vw. Ter. *Exe* —1D **10**
Hadrian Dri. *Exe* —6E **3**
Hadrians Way. *Exe* —6F **21**
Haldon Clo. *Top* —2E **17**
Haldon Ct. *Exm* —5D **20**
Haldon Rd. *Exe* —6G **3** (1A **26**)
Halscombe La. *Ide* —6A **8**
Halsdon Av. *Exm* —6C **20**
Halsdon La. *Exm* —6C **20**
Halsdon Rd. *Exm* —2C **22**
Halse Hill. *Bud S* —4D **24**
Halses Clo. *Exe* —4D **2**
Halsfordwood La. *Nadd* —4A **2**
Halyards. *Top* —3E **17**
Hambeer La. *Exe* —3E **9**
Hamilton Av. *Exe* —4D **10**
Hamilton Dri. *Exe* —1H **11**
Hamilton Rd. *Exm* —2F **23**
Hamilton Rd. *Top* —2E **17**

Hamlin Gdns. *Exe* —5E **5**
Hamlin La. *Exe* —5E **5**
Hamlyns La. *Exe* —3D **2**
Hammond Cft. Way. *Exe*
—6H **9**
Hampden Pl. *Exe* —5A **26**
Hampshire Clo. *Exe* —2E **9**
Hampstead La. *Ext* —5H **17**
Hampton Bldgs. *Exe* —5B **4**
Hams, The. *Ide* —5D **8**
Hanover Clo. *Exe* —6D **4**
Hanover Ct. *Exe* —5A **10**
Hanover Rd. *Exe* —6D **4**
Harbour Ct. *Exm* —3A **22**
Hardy Rd. *Exe* —1H **11**
Harebell Copse. *Exe* —6H **3**
Harefield Clo. *Exe* —4G **3**
Harefield Dri. *Lymp* —2B **20**
Harefield Rd. *Lymp* —1B **20**
Harlequins Cen. *Exe* —1B **26**
Harper Wlk. *Exm* —3E **23**
Harrier Way. *Sow I* —2A **12**
Harringcourt Dri. *Exe* —2A **6**
Harringcourt Rd. *Exe* —2A **6**
Harrington Gdns. *Exe* —3A **6**
Harrington La. *Exe* —2G **5**
Harrison Ho. *Exe* —3H **5**
Hartley Rd. *Exm* —3C **22**
Hartopp Rd. *Exm* —2C **22**
Harts Clo. *Exe* —4A **6**
Harts La. *Exe* —4G **5**
Harwood Clo. *Exe* —6F **21**
Hatherleigh Rd. *Exe* —4G **9**
Haven Clo. *Exe* —2H **9** (6B **26**)
Haven Rd. *Exe* —2H **9** (5A **26**)
Havitree Rd. *Exe* —6B **4**
Hawthorne Gro. *Exm* —6G **21**
Hawthorn Rd. *Exe* —3D **10**
Hawthorn Way. *Alp* —6G **9**
Hayes Barton Ct. *Exe* —1G **9**
Hayes Clo. *Bud S* —3E **25**
Hayley Rd. *Exm* —5E **21**
Hayne Clo. *Exe* —5E **5**
Haynes La. *Long* —4A **8**
Haytor Dri. *Exe* —5E **3**
Hazeldene Gdns. *Exm* —6C **20**
Hazelmead Rd. *Cly M* —4F **13**
Hazel Rd. *Exe* —4D **10**
Headingley Clo. *Exe* —2G **11**
Headland Clo. *Exe* —5G **5**
Headland Cres. *Exe* —5G **5**
Headon Gdns. *Exe* —5E **11**
Heard Av. *Exm* —1G **23**
Hearts of Oaks. *Exe* —1A **12**
Heath Barton. *Pin* —3G **5**
Heather Clo. *Exe* —6F **5**
Heatherdale. *Exe* —4E **23**
Heath Rd. *Exe* —2F **11**
Heavitree Pk. *Exe* —1E **11**
Helena Pl. *Exm* —3C **22**
Hele Rd. *Exe* —5G **3**
Hellings Pk. La. *Broad* —1G **7**
Hendy Gdns. *Exe* —5F **3**
Henley Rd. *Exm* —2E **23**
Hennock Ct. *Exe* —5B **10**
Hennock Rd. *Mar B* —4A **10**
Henrietta Pl. *Exm* —2C **22**
(off Henrietta Rd.)
Henrietta Rd. *Exm* —2C **22**
Hensleigh Dri. *Exe* —1C **10**

Herbert Rd. *Exe* —5D **4**
Hereford Clo. *Exm* —4F **21**
Hereford Rd. *Exe* —6D **2**
Heron Ct. *Exm* —3E **23**
Heron Ind. Units. *Exe* —1A **12**
Heron Rd. *Exe* —3D **8**
Heron Rd. *Sow I* —1A **12**
Herschell Rd. *Exe* —4C **4**
Hexworthy Av. *Exe* —4E **3**
Highbury Pk. *Exm* —6C **20**
Highcliffe Clo. *Lymp* —3A **20**
High Cft. *Exe* —3G **3**
Highcross Rd. *Exe* —5A **4**
Higher Aboveway. *Exmin*
—5B **16**
Higher Barley Mt. *Exe* —6E **3**
Higher Bedlands. *Bud S*
—3D **24**
Higher Hoopern La. *Exe* —3A **4**
Higher King's Av. *Exe* —3B **4**
Higher Marley Rd. *Exm*
—3F **21**
Higher Rd. *Wood S* —1E **19**
Higher Shapter Clo. *Top*
—4F **17**
Higher Shapter St. *Top* —4F **17**
Higher Summerlands. *Exe*
—6B **4**
Higher Wear Rd. *Exe* —1C **16**
Highfield. *Top* —1F **17**
Highfield La. *Exm* —3D **22**
High Meadows. *Exe* —1E **9**
High St. Arc. *Exe*
—6A **4** (1D **26**)
High St. Budleigh Salterton,
Bud S —5E **25**
High St. Exeter, *Exe*
—6H **3** (2B **26**)
High St. Exmouth, *Exm*
—3C **22**
High St. Ide, *Ide* —5D **8**
High St. Topsham, *Top*
—2E **17**
High Vw. Gdns. *Exm* —2D **22**
Hill Barton Bus. Pk. *Cly M*
—3H **13**
Hill Barton La. *Exe* —5G **5**
(in two parts)
Hill Barton Rd. *Exe* —4H **5**
Hill Clo. *Exe* —3B **4**
Hill Crest. *Exmin* —4A **16**
Hillcrest Pk. *Exe* —2A **4**
Hill Dri. *Exm* —4D **20**
Hill La. *Exe* —5F **5**
(in three parts)
Hill Pk. Clo. *Exe* —5G **5**
Hill Ri. *Exe* —5G **5**
Hillsborough Av. *Exe* —5A **4**
Hillside Av. *Exe* —5A **4**
Hillyfield Rd. *Exe* —5G **5**
Hoker Rd. *Exe* —1E **11**
Holland Rd. *Exe* —2F **9**
Holland Rd. *Exm* —6F **21**
Holley Clo. *Exmin* —4A **16**
Holloway St. *Exe*
—1A **10** (4C **26**)
Hollow La. *Exe* —5H **5**
Hollowpits Ct. *Exe* —6G **9**
Hollows, The. *Exm* —2D **22**
Hollymount Clo. *Exm* —4E **21**

A-Z Exeter 31

Holly Rd.—Lyncombe Clo.

Holly Rd. *Exe* —3D **10**
Holly Wlk. *Exm* —4F **21**
Holman Way. *Top* —4F **17**
Holne Ct. *Exe* —4E **3**
Holne Ri. *Exe* —2F **11**
Homefield Rd. *Exe* —6D **4**
Hometor Ct. *Exm* —1C **22**
Honeylands Dri. *Exe* —5E **5**
Honeylands Way. *Exe* —5E **5**
Honey La. *Exe* —2B **6**
Honey La. *Wood S* —1G **19**
Honey Pk. Rd. *Bud S* —3F **25**
Honeysuckle Ct. *Exe* —4D **2**
Honiton Rd. *Exe* —1F **11**
Hooker Clo. *Bud S* —3D **24**
Hoopern Av. *Exe* —3A **4**
Hoopern La. *Exe* —4A **4**
Hoopern St. *Exe* —5A **4**
Hope Pl. *Exe* —1E **11**
Hope Rd. *Exe* —1E **11**
Hospital La. *Exe* —4G **5**
Howard Clo. *Exe* —4E **3**
Howell Rd. *Exe* —5G **3**
Hulham Rd. *Exm* —3E **21**
Hummingbird Clo. *Exe* —3A **6**
Hungry Fox Ind. Est. *Broad*
—1G **7**
Hunton Clo. *Lymp* —2A **20**
Hurst Av. *Exe* —2F **11**
Hutchings Mead. *Exe* —4B **6**

Iddesleigh Rd. *Exe* —4C **4**
Ide La. *Exe* —3D **8**
(in two parts)
Idestone La. *Exe* —6C **8**
Ilex Clo. *Exe* —2F **5**
Ilex Clo. *Shi S* —4A **14**
Imperial Rd. *Exm* —2B **22**
Imperial St. *Exe* —1F **9**
Ingleside Ct. *Bud S* —4E **25**
Inner Ting Tong. *Bud S*
—2A **24**
Iolanthe Dri. *Exe* —2E **5**
Iona Av. *Exm* —5C **22**
Iris Av. *Exe* —2H **9** (5A **26**)
Iron Bri. *Exe* —6H **3** (1A **26**)
Isca Rd. *Exe* —2H **9** (6B **26**)
Isca Rd. *Exm* —4E **23**
Isleworth Rd. *Exe* —1E **9**
Iveagh Ct. *Exe* —4F **3**
Ivy Clo. *Exe* —2E **11**
Ivydale. *Exm* —4F **21**

James Ct. *Exe*
—1A **10** (3C **26**)
Jarvis Clo. *Exm* —2G **23**
(in two parts)
Jennifer Clo. *Exe* —3C **10**
Jesmond Rd. *Exe* —5C **4**
Jocelyn Rd. *Bud S* —3E **25**
John Hudson Way. *Exm*
—2G **23**
John Levers Way. *Exe* —1F **9**
John St. *Exe* —1H **9** (3B **26**)
Jubilee Clo. *Exmin* —4B **16**
Jubilee Dri. *Exm* —4E **21**
Jubilee Gro. *Lymp* —2B **20**
Jubilee Rd. *Exe* —5C **4**

Jubilee Sq. *Top* —4F **17**
Juniper Clo. *Exe* —2F **5**
Jupes Clo. *Exmin* —5B **16**

Kalenderhay La. *Exe*
—6H **3** (3B **26**)
Kay Clo. *Exm* —1E **23**
Keats Clo. *Exm* —3E **21**
Kenbury Dri. *Exe* —6A **10**
Kendall Clo. *Exe* —5B **4**
Kennerley Av. *Exe* —4F **5**
Kennford Rd. *Mar B* —3H **9**
Kenn La. *Exmin* —6H **15**
Kent Clo. *Exe* —2E **11**
Kersbrook La. *Kers* —2E **25**
Kerswill Rd. *Exe* —2F **9**
Kestor Dri. *Exe* —4E **3**
Kestrel Way. *Sow I* —1A **12**
Keverel Rd. *Exm* —6C **20**
Kilbarran Ri. *Exe* —4G **3**
Kimberley Rd. *Exe*
—1A **10** (4D **26**)
King Arthur's Rd. *Exe* —2D **4**
King Edward St. *Exe* —3G **3**
Kingfisher Av. *Exe* —2D **8**
Kingfisher Dri. *Exe* —2B **4**
Kingfisher Way. *Sow I* —1A **12**
King Henrys Rd. *Exe* —3C **10**
Kingsgate. *Exe* —4A **4**
Kingslake Ct. *Exm* —1C **22**
Kingsley Av. *Exe* —4F **5**
King's Rd. *Exe* —4C **4**
King Stephen Clo. *Exe* —5A **4**
Kingston Rd. *Exm* —2E **23**
King St. *Exe* —1H **9** (3B **26**)
King St. *Exm* —3C **22**
Kingsway. *Exe* —1D **10**
King's Wharf. *Exe* —4C **26**
Kingswood Clo. *Exe* —4E **3**
King William St. *Exe*
—6A **4** (1D **26**)
Kinnerton Ct. *Exe* —4F **3**
Kinnerton Way. *Exe* —4E **3**
Kipling Dri. *Exe* —2D **10**
Knightley Rd. *Exe* —3C **10**
Knights Cres. *Exe* —3H **11**
Knowle Dri. *Exe* —5E **3**
Knowle Hill. *Bud S* —3A **24**
Knowle M. *Bud S* —2B **24**
Knowle Rd. *Bud S* —3C **24**
Knowle Village. *Bud S*
—4B **24**

Laburnham Clo. *Exm* —4F **21**
Laburnam Rd. *Exe* —3D **10**
Lackaborough Ct. *Exe* —6G **9**
Ladysmith Rd. *Exe* —5D **4**
Lakelands Dri. *Exe* —6F **3**
Lakeside Av. *Exe* —6F **11**
Lamacraft Dri. *Exe* —5E **5**
Lamb All. *Exe* —2C **26**
Lamplough Rd. *Exm* —4C **20**
Lancaster Rd. *Exe* —1F **11**
Lancelot Rd. *Exe* —2E **5**
Landhays Rd. *Exe* —1F **9**
Landscore Rd. *Exe* —1F **9**
Lands Rd. *Exe* —3H **5**
Langaton Gdns. *Exe* —3B **6**

Langaton La. *Exe* —3B **6**
Langerwehe Way. *Exm*
—3B **22**
Langstone Dri. *Exm* —5E **21**
Lansdowne. *Exe* —2F **11**
Lansdowne Rd. *Bud S* —4B **24**
Lansdowne Ter. *Exe*
—1A **10** (4D **26**)
Larch Clo. *Exm* —4F **21**
Larch Rd. *Exe* —3F **9**
Larkbeare Rd. *Exe*
—2A **10** (5D **26**)
Larson Yd. *Bud S* —3F **25**
Latimer Rd. *Exe* —4E **5**
Laurel Ri. *Exm* —1F **23**
Laurel Rd. *Exe* —3D **10**
Lawn Rd. *Exm* —2C **22**
Lawn, The. *Bud S* —5E **25**
Lawrence Av. *Exe* —2G **9**
Laxton Av. *Exe* —6G **5**
Leas Rd. *Bud S* —4E **25**
Lebanon Clo. *Exe* —3C **4**
Legion Way. *Exe* —5H **9**
Leighdene Clo. *Exe* —2C **10**
Leighton Ter. *Exe* —5A **4**
Leslie Rd. *Exe* —1C **22**
Lestock Clo. *Exm* —2G **23**
Lethbridge Rd. *Exe* —1F **11**
Lewis Cres. *Exe* —3H **11**
Leypark Clo. *Exe* —5G **5**
Leypark Cres. *Exe* —6G **5**
Leypark Rd. *Exe* —5G **5**
Lichgate Rd. *Exe* —6H **9**
Liffey Ri. *Exe* —4E **3**
Lilac Rd. *Exe* —3D **10**
Lily Mt. *Exe* —4D **2**
Lime Gro. *Exmin* —4A **16**
Lime Gro. *Exm* —4E **21**
Limegrove Rd. *Exe* —1F **9**
Lime Kiln La. *Exe* —5E **11**
Limekiln La. *Exe* —4E **23**
Lime Tree Clo. *Exe* —3G **11**
Lincoln Clo. *Exe* —3G **21**
Lincoln Rd. *Exe* —6E **3**
Linda Clo. *Exe* —1F **11**
Linden Clo. *Exm* —5F **21**
Linden Va. *Exe* —5H **3**
Linfield Gdns. *Exe* —2F **9**
Links Clo. *Exm* —2E **23**
Links Rd. *Bud S* —5C **24**
Linnet Clo. *Exe* —2B **4**
Lisa Clo. *Exe* —2E **11**
Litchfield Rd. *Exe* —6D **2**
Lit. Bicton Pl. *Exm* —3C **22**
Lit. Castle St. *Exe*
—6A **4** (1C **26**)
Littledown Clo. *Exe* —2H **23**
Lit. Down La. *Bud S* —1E **25**
Littleham Chu. Path. *Exm*
—5A **24**
Littleham Rd. *Exm* —2F **23**
Littleham Village. *Lit* —2H **23**
Lit. John's Cross Hill. *Exe*
—3E **9**
Lit. Knowle. *Bud S* —4D **24**
Lit. Knowle Ct. *Bud S* —4D **24**
Littlemead La. *Exm* —4C **20**
Lit. Meadow. *Exm* —4F **21**
Lit. Queen St. *Exe*
—6A **4** (2C **26**)

Lit. Rack St. *Exe*
—1H **9** (3B **26**)
Lit. Silver. *Exe* —5H **3** (1A **26**)
Lit. Silver La. *Matf* —3F **15**
Little Way. *Exe* —3F **9**
Liverton Bus. Pk. *Exm*
—6H **21**
Liverton Clo. *Exm* —1G **23**
Liverton Copse Nature Reserve.
—6H **21**
Livery Dole Almshouses. *Exe*
—1C **10**
Lloyds Ct. *Exe* —4G **5**
Lloyds Cres. *Exe* —5G **5**
Locarno Rd. *Exe* —2F **9**
Lockfield Ct. *Alp* —5H **9**
Locksley Clo. *Exe* —6E **11**
Lodge Hill. *Exe* —4G **3**
Longacres. *Exe* —1B **10**
Longbrook La. *Lymp* —3A **20**
Longbrook St. *Exe*
—5A **4** (1D **26**)
Longbrook Ter. *Exe* —5A **4**
Long Causeway. *Exm* —3D **22**
Long Copp. *Bud S* —3E **25**
Longdown Rd. *Long* —4A **8**
Long La. *Exm* —3E **23**
(in two parts)
Longmeadow. *Cly M* —3C **12**
Longmeadow. *Wood* —5G **19**
Longmeadow Rd. *Lymp*
—2B **20**
Long Pk. *Wood* —5G **19**
Lonsdale Rd. *Exe* —1E **11**
Looe Rd. *Exe* —5G **3**
Loram Way. *Exe* —6A **10**
Lords Way. *Exe* —3G **11**
Louisa Pl. *Exm* —3C **22**
Louisa Ter. *Exm* —4C **22**
Lovelace Cres. *Exm* —1E **23**
Lovelace Gdns. *Exe* —6H **9**
Lovell Clo. *Exm* —4E **21**
Lwr. Albert St. *Exe* —6B **4**
Lwr. Argyll Rd. *Exe* —3G **3**
Lower Av. *Exe* —6D **4**
Lwr. Coombe St. *Exe*
—1H **9** (4B **26**)
Lwr. Fore St. *Exm* —3C **22**
Lwr. Harrington La. *Exe*
—3A **6**
Lwr. Hill Barton Rd. *Exe*
—6G **5**
Lwr. King's Av. *Exe* —4B **4**
Lwr. North St. *Exe*
—6H **3** (1A **26**)
Lower Rd. *Wood S* —1E **19**
Lwr. St German's St. *Exe*
—4A **4**
Lwr. Shapter St. *Top* —4F **17**
Lwr. Shillingford. *Shi S*
—2C **14**
Lwr. Summerlands. *Exe*
—6B **4**
Lwr. Wear Rd. *Exe* —6E **11**
Lucas Av. *Exe* —4B **4**
Lucky La. *Exe* —1A **10** (4C **26**)
Ludwell La. *Exe* —2E **11**
Lustleigh Clo. *Mar B* —5A **10**
Lymebourne Av. *Exe* —6E **5**
Lyncombe Clo. *Exe* —3C **4**

32 A-Z Exeter

Lyndhurst Rd.—North St.

Lyndhurst Rd. *Exe* —1C **10**
Lyndhurst Rd. *Exm* —1C **22**
Lynwood Av. *Exe* —1G **9**

Madagascan Clo. *Exm*
   —1G **23**
Maddocks Row. *Exe*
   —6H **3** (1B **26**)
Madeira Ct. *Exm* —4D **22**
Madeira Vs. *Exm* —2C **22**
Madeira Wlk. *Bud S* —5F **25**
Madison Av. *Exe* —6E **5**
Maer Bay Ct. *Exm* —4D **22**
Maer La. *Lit* —4E **23**
Maer Rd. *Exm* —4E **23**
Maer Va. *Exm* —3E **23**
Magdalen Cotts. *Exe* —1B **10**
Magdalen Gdns. *Exe* —1C **10**
Magdalen Rd. *Exe* —1B **10**
Magdalen St. *Exe*
   —1A **10** (3C **26**)
Magnolia Av. *Exe* —3E **11**
Magnolia Av. *Exm* —1G **23**
Magnolia Cen. Exm —3C **22**
  (off Chapel St.)
Magnolia Wlk. *Exm* —3C **22**
Magpie Cres. *Exo P* —2D **8**
Main Rd. *Exmin* —2A **16**
  (in two parts)
Main Rd. *Pin* —3A **6**
Majorfield Rd. *Top* —3F **17**
Mallard Rd. *Sow I* —1A **12**
Mallison Clo. *Exe* —4F **3**
Malvern Gdns. *Exe* —2E **11**
Mamhead Rd. *Exe* —2G **11**
Mamhead Vw. *Exm* —3A **22**
Manaton Clo. *Mar B* —5A **10**
Manaton Ct. *Exe* —6A **10**
Manchester Rd. *Exm* —3B **22**
Manchester St. *Exm* —2B **22**
Mandrake Clo. *Exe* —5H **9**
Mandrake Rd. *Exe* —5G **9**
Manor Pk. *Cly M* —3C **12**
Manor Rd. *Exe* —1G **9**
Mansfield Rd. *Exe* —4C **4**
Masefield Rd. *Exe* —4G **5**
Mansfield Ter. *Bud S* —3F **25**
Manson Gro. *Exm* —6C **20**
Manston Rd. *Exe* —5C **4**
Manston Ter. *Exe* —1C **10**
Manstree Rd. *Shi S* —4A **14**
Manstree Ter. *Shi S* —4A **14**
Maple Dri. *Exm* —4F **21**
Maple Rd. *Exe* —1F **9**
Marcom Clo. *Exm* —4F **21**
Marcus Rd. *Exm* —6F **21**
Margaret Rd. *Exe* —3C **4**
Margaret St. Exm —3C **22**
  (off Chapel St.)
Marina Ct. *Exm* —4D **22**
Marine Ct. *Bud S* —5F **25**
Marine Pde. *Bud S* —5F **25**
Marine Way. *Exm* —2C **22**
Marions Way. *Exm* —5F **21**
Maristow Av. *Exm* —5D **20**
Market St. *Exe* —1H **9** (3B **26**)
Market St. *Exm* —3C **22**
Markham La. *Exe* —1A **14**
  (in two parts)

Marlborough Clo. *Exm* —5G **21**
Marlborough Ct. *Exe* —6A **10**
Marlborough Dri. *Exe* —1H **11**
Marlborough Rd. *Exe* —1B **10**
Marles, The. *Exm* —5E **21**
Marley Dri. *Lymp* —2F **21**
Marley Rd. *Exm* —5D **20**
  (in two parts)
Marpool Cres. *Exm* —1E **23**
Marpool Hill. *Exm* —2D **22**
Marsh Barton Rd. *Mar B*
   —3H **9**
Marsh Barton Trad. Est. *Mar B*
   —4A **10**
Marsh Grn. Rd. *Mar B* —3A **10**
Marsh La. *Cly G* —2G **17**
  (in two parts)
Marshrow La. *Exmin* —6B **16**
Martins Clo. *Exm* —5G **21**
Martins La. *Exe* —6A **4** (2C **26**)
Mary Arches St. *Exe*
   —6H **3** (2A **26**)
Maryfield Av. *Exe* —4B **4**
Masey Rd. *Exm* —1F **23**
Matfield. *Lymp* —2B **20**
Matford Av. *Exe* —2B **10**
Matford Bus. Pk. *Exe* —6B **10**
Matford La. *Exe* —2B **10**
Matford M. *Alp* —1G **15**
Matford Pk. Rd. *Mar B* —5A **10**
Matford Rd. *Exe* —2B **10**
Matthews Ct. *Exm* —2H **5**
Mayfield Dri. *Exm* —3F **23**
Mayfield Rd. *Pin* —3A **6**
Mayfield Rd. *St L* —1E **11**
Mayflower Av. *Exe* —2B **4**
Maypole Rd. *Exe* —3D **4**
Maypole Wlk. *Exe* —3D **4**
May St. *Exe* —5B **4**
Mead Cotts. *Exm* —2H **23**
Meadowbrook Clo. *Exe* —4E **3**
Meadow Clo. *Bud S* —4D **24**
Meadow Clo. *Cly M* —3G **13**
Meadow Clo. *Lymp* —2B **20**
Meadow La. *Bud S* —4E **25**
Meadow Path. *Exe* —6D **4**
Meadow Rd. *Bud S* —5D **24**
Meadow St. *Exm* —2C **22**
Meadow Vw. Rd. *Exm* —5G **21**
Meadow Way. *Exe* —1D **10**
Mede, The. *Exe* —4F **5**
Mede, The. *Top* —3E **17**
Meeting La. *Lymp* —1A **20**
Meeting St. *Exm* —2C **22**
Meetways La. *Exm* —3F **23**
Melbourne Pl. *Exe*
   —1A **10** (5D **26**)
Melbourne St. *Exe* —2A **10**
Meldon Ct. *Bud S* —4F **25**
Membury Clo. *Exe* —6H **5**
Mercer Ct. *Exe* —4E **11**
Meresyke. *Exm* —3E **23**
Merlin Cres. *Exe* —3E **5**
Mermaid Yd. *Exe* —3B **26**
Merrion Av. *Exm* —3F **23**
Merrivale Rd. *Exe* —2F **9**
Michigan Way. *Exe* —2A **4**
Middle Moor. *Exe* —1H **11**
Midway. *Exm* —1G **23**
Midway Clo. *Exe* —5G **9**

Midway Ter. *Exe* —5G **9**
Milbury Clo. *Exmin* —3B **16**
Milbury La. *Exmin* —4B **16**
Mildmay Clo. *Exe* —5F **3**
Mile Gdns. *Exe* —2D **4**
Mile La. *Exe* —1D **4**
  (in two parts)
Millbrook La. *Exe* —4D **10**
Mill Dri. *Exe* —5D **10**
Miller Clo. *Exe* —2G **11**
Miller Way. *Exmin* —3H **15**
Milletts Clo. *Exmin* —4A **16**
Mill La. *Cly H* —4E **7**
Mill La. *Exe* —5H **9**
  (nr. Church Rd.)
Mill La. *Exe* —5D **10**
  (nr. Mill Rd., in two parts)
Mill La. *Ext* —6A **18**
Mill Rd. *Exe* —5D **10**
Mill Yd. *Exe* —5D **10**
Milton La. *Exm* —2E **23**
Milton Rd. *Exe* —3D **10**
Mincinglake Rd. *Sto H* —3C **4**
Minster Rd. *Exmin* —3B **16**
Mint, The. *Exe* —1H **9** (3A **26**)
Mirey La. *Wood* —5F **19**
Mission Ct. *Exe* —4A **26**
Mitre La. *Exe* —6H **3** (2B **26**)
Modred Clo. *Exe* —3E **5**
Monkerton Dri. *Exe* —4A **6**
Monks Rd. *Exe* —5C **4**
Monkswell Rd. *Exe* —4C **4**
Monmouth Av. *Top* —4F **17**
Monmouth Hill. *Top* —4F **17**
Monmouth St. *Top* —4F **17**
Montague Gdns. *Bud S*
   —4C **24**
Montery Gdns. *Exe* —3C **4**
Mont-Le-Grand. *Exe* —6C **4**
Montpellier Rd. *Exm* —3C **22**
Mony-Le-Grand Rd. *Exe*
   —6D **4**
Moonhill Clo. *Exe* —6A **10**
Moonridge. *Exe* —1C **16**
Moorfield Clo. *Exm* —1E **23**
Moorfield Rd. *Exm* —1D **22**
Moor Haven. *Bud S* —3D **24**
Moorlands Rd. *Bud S* —4B **24**
Moorland Way. *Exe* —4E **3**
Moor La. *Bud S* —3D **24**
Moor La. *Cly M* —3C **18**
Moor La. *Sow I* —6A **6**
Moormead. *Bud S* —4D **24**
Moorpark. *Exm* —3E **23**
Moorview Clo. *Exe* —3B **4**
Moreton Cres. *Exm* —3B **22**
Morley Rd. *Exe* —4C **4**
Morton Cres. M. *Exm* —3B **22**
Morton Rd. *Exm* —3B **22**
Morven Dri. *Exm* —5C **20**
Mosshayne La. *Exe* —1C **6**
  (in two parts)
Mountain Clo. *Exm* —1H **23**
Mt. Batten Clo. *Exm* —5F **21**
Mt. Dinham. *Exe* —2A **26**
Mt. Howe. *Exe* —4G **17**
Mt. Pleasant Av. *Exm* —4D **20**
Mt. Pleasant Ct. *Exm* —5D **20**
Mt. Pleasant Rd. *Exe* —4C **4**
Mt. Radford Cres. *Exe* —1B **10**

Mt. Radford Sq. *Exe* —1B **10**
  (off Radford Rd.)
Mt. Wear Sq. *Exe* —6F **11**
Mowbray Av. *Exe* —5A **4**
Mudbank La. *Exm* —6B **20**
Mulberry Clo. *Exe* —6F **5**
Musgrave Row. *Exe*
   —6A **4** (1C **26**)
Mutton La. *Exe* —6A **10**
Myrtle Clo. *Exe* —5H **9**
Myrtle Rd. *Exe* —2E **9**
Myrtle Row. *Exm* —3C **22**

Nadder Bottom. *White* —3A **2**
Nadder La. *White* —4B **2**
Nadder Pk. Rd. *Exe* —1D **8**
Napier Ter. *Exe* —6H **3** (2A **26**)
Nasmith Clo. *Exm* —6F **21**
Nelson Clo. *Top* —3E **17**
Nelson Dri. *Exm* —1G **23**
Nelson Rd. *Exe* —2G **9**
Nelson Way. *Exe* —1G **11**
New Bri. St. *Exe* —1H **9**
Newcombe St. *Exe* —6D **4**
Newcombe St. Gdns. *Exe*
   —6E **5**
Newcombe Ter. Exe —6D **4**
  (off S. Lawn Ter.)
Newcourt Rd. *Top* —6A **12**
Newfoundland Clo. *Exe* —2C **3**
Newham Ct. *Exe* —1E **9**
Newhayes Clo. *Exe* —4G **9**
Newlands Av. *Exm* —1F **23**
Newlands Clo. *Exe* —4G **9**
Newman Rd. *Exe* —2E **9**
New N. Rd. *Exe* —4G **3** (1C **26**)
New N. Rd. *Exm* —2C **22**
Newport Pk. *Exe* —1C **16**
Newport Rd. *Exe* —1C **16**
New St. *Exm* —2C **22**
Newton Clo. Exe —6B **4**
  (off Clifton St.)
New Valley. *Exe* —5F **3**
New Way. *Wood S* —2G **19**
New Way Bldgs. *Exm* —2C **22**
Nicholas Rd. *Exe* —2D **9**
Nightingale Wlk. *Exo P* —3D **8**
Nineteen Steps. Bud S —5F **25**
  (off Marine Pde.)
Norman Clo. *Exm* —5F **21**
Normandy Clo. *Exm* —6G **21**
Normandy Rd. *Exe* —6D **4**
Norman Stevens Clo. *Exm*
   —3E **23**
North Av. *Exe* —6C **4**
N. Bridge Pl. *Exe*
   —6H **3** (1A **26**)
Northernhay Ga. *Exe*
   —6H **3** (1B **26**)
Northernhay Pl. *Exe*
   —6A **4** (1C **26**)
Northernhay Sq. *Exe*
   —6H **3** (1B **26**)
Northernhay St. *Exe*
   —6H **3** (2B **26**)
N. Grange. *Exe* —3H **11**
N. Lawn Ct. *Exe* —6D **4**
N. Park Rd. *Exe* —3H **3**
North St. *Exe* —6H **3** (2B **26**)

A-Z Exeter 33

North St.—Raddenstile Ct.

North St. *Exm* —2C **22**
North St. *Hea* —6D **4**
North St. *Top* —4F **17**
Northview Rd. *Bud S* —5D **24**
Norwich Clo. *Exm* —3F **21**
Norwich Rd. *Exe* —6E **3**
Norwood Av. *Exe* —2B **10**
Nurseries Clo. *Top* —2E **17**
Nursery Clo. *Exm* —1E **23**
Nursery M. *Exm* —1E **23**
Nutbrook. *Exm* —6D **20**
Nutwell Rd. *Lymp* —1A **20**

Oak Clo. *Exmin* —4A **16**
Oak Clo. *Pin* —3A **6**
Oak Clo. *Shi A* —2C **14**
Oakfield Rd. —1G **9**
Oakfield St. *Exe* —1D **10**
Oakhayes Rd. *Wood* —5F **19**
Oakleigh Rd. *Exm* —2D **22**
Oakley Clo. *Exe* —3A **6**
Oak Ridge. *Alp* —6G **9**
Oak Rd. *Exe* —2F **9**
Oaktree Clo. *Exm* —4D **20**
Oaktree Pl. *Mar B* —5A **10**
Oakwood Ri. *Exm* —4G **21**
Oberon Rd. *Exe B* —5A **6**
Oilmill La. *Cly M* —4E **13**
Okehampton Pl. *Exe*
—1G **9** (4A **26**)
Okehampton Rd. *Exe* —1F **9**
Okehampton St. *Exe*
—1G **9** (4A **26**)
Okewood Ct. *Exm* —4D **22**
Old Abbey Ct. *Exe* —3C **10**
Old Bakery Clo. *Exe* —5F **3**
Old Bystock Dri. *Exm* —3G **21**
Old Dawlish Rd. *Kennf*
—6D **14**
Old Ebford La. *Ebf* —4A **18**
Oldfields. *Exm* —3E **23**
Old Ide La. *Ide* —4E **9**
Old Mkt. Clo. *Exe* —3H **9**
Old Matford La. *Matf* —1F **15**
Old Mill Clo. *Exe* —2B **10**
Old Okehampton Rd. *Exe*
—5A **2**
Old Pk. Rd. *Exe* —5A **4**
Old Pavilion Clo. *Exe* —2G **11**
Old Pinn La. *Exe* —4A **6**
Old Rydon Clo. *Exe* —4A **12**
Old Ryton La. *Exe* —5G **11**
Old Sludge Beds Nature
Reserve. —2C **16**
Old's Vw. *Exe* —5G **3**
Old Tiverton Rd. *Exe* —5B **4**
Old Vicarage Clo. *Exe* —5D **8**
Old Vicarage Rd. *Exe* —2G **9**
Orchard Clo. *Exe* —3B **6**
Orchard Clo. *Exm* —4D **20**
Orchard Clo. *Lymp* —2A **20**
Orchard Clo. *Wood* —5G **19**
Orchard Gdns. *Exe* —2F **9**
Orchard Hill. *Exe* —3E **9**
Orchard Vw. *Hea* —1D **10**
Orchard Way. *Top* —3E **17**
Orcombe Ct. *Exm* —1F **23**
Osprey Rd. *Sow I* —6B **6**
Otago Cotts. *Exm* —3C **10**

Otterbourne Ct. *Bud S* —5F **25**
(off Coastguard Rd.)
Otter Ct. *Bud S* —4G **25**
Otter Ct. *Exe* —5A **10**
Ottervale Rd. *Bud S* —4G **25**
Outer Ting Tong. *Exm* —2A **24**
Oval Grn. *Exe* —2G **11**
Oxford Clo. *Exm* —3G **21**
Oxford Rd. *Exe* —5B **4**
Oxford St. *Exe* —2G **9**

Palace Cotts. *Exm* —2C **22**
(off Parade)
Palace Ga. *Exe* —1A **10** (3C **26**)
Palm Clo. *Exm* —4F **21**
Palmer Ct. *Bud S* —4E **25**
Palmerston Dri. *Exe* —5E **3**
Pankhurst Clo. *Exm* —2G **23**
Panney, The. *Exe* —5E **5**
Parade. *Exm* —2C **22**
Paris St. *Exe* —6A **4** (1D **26**)
Paris St. Arc. *Exe*
—6A **4** (1D **26**)
Park Clo. *Wood* —6G **19**
Parkers Cross La. *Exe* —2B **6**
Parkfield Rd. *Top* —3F **17**
Parkfield Way. *Top* —3F **17**
Parkhayes. *Wood S* —1G **19**
Parkhouse Rd. *Exe* —3F **9**
Parkland Dri. *Exe* —3G **11**
Park La. *Bud S* —4D **24**
Park La. *Exe* —1H **5**
Park La. *Exm* —1C **22**
Park Pl. *Hea* —6D **4**
Park Pl. *St Leo* —1B **10**
Park Rd. *Exe* —5C **4**
Park Rd. *Exm* —1C **22**
Parkside Cres. *Exe* —1B **6**
Parkside Dri. *Exm* —5F **21**
Parkside Rd. *Exe* —1B **6**
Parks La. *Bud S* —5F **25**
Parkway. *Exe* —3F **9**
Park Way. *Exm* —1E **23**
(in two parts)
Park Way. *Wood* —6G **19**
Parliament St. *Exe*
—6H **3** (2B **26**)
Parr Clo. *Exe* —5B **4**
Parrish Way. *Exe* —5G **9**
Parr St. *Exe* —5B **4**
Parsonage Way. *Wood*
—5G **19**
Parson Clo. *Exm* —5E **21**
Parthia Pl. *Exm* —6G **21**
Partridge Rd. *Exm* —4E **21**
Patricia Clo. *Exe* —2A **4**
Paul St. *Exe* —6H **3** (2B **26**)
Pavilion Pl. *Exe*
—1A **10** (3D **26**)
Paynes Ct. *Exe* —4F **5**
Pebble La. *Bud S* —5E **25**
Peel Clo. *Top* —3E **17**
Peep La. *Exe* —6G **3**
Pellinore Rd. *Exe* —3E **5**
Pendle. *Bud S* —5E **25**
Pendragon Rd. *Exe* —2D **4**
Penitentiary Ct. *Exe*
—1A **10** (4C **26**)
Penleonard Clo. *Exe* —1C **10**

Pennsylvania Clo. *Exe* —4B **4**
Pennsylvania Cres. *Exe* —4A **4**
Pennsylvania Pk. *Exe* —3B **4**
Pennsylvania Rd. *Exe* —1A **4**
Penny La. *Exmin* —4A **16**
Pentgrove Ct. *Exm* —2F **23**
Perceval Rd. *Exe* —3E **5**
Percy Rd. *Exe* —3H **9**
Perriam's Pl. *Bud S* —4E **25**
Perridge Clo. *Exe* —3E **9**
Perriman's Row. *Exm* —2C **22**
Perrin Way. *Exe* —3H **5**
Perry Rd. *Exe* —4H **3**
Perth Clo. *Exe* —2C **4**
Peryam Cres. *Exe* —2E **11**
Peterborough Rd. *Exe* —5E **3**
Phear Av. *Exm* —2D **22**
Philip Rd. *Exe* —4D **4**
Phillips Av. *Exm* —6D **20**
Pickwick Arc. *Exe* —3B **26**
Pier Head. *Exm* —3A **22**
Pilton La. *Exe* —4H **5**
Pinbrook M. *Pin* —2G **5**
Pinbrook Rd. *Pin* —3H **5**
Pinces Cotts. *Exe* —3G **9**
Pinces Gdns. *Exe* —3G **9**
Pinces Rd. *Exe* —3G **9**
Pine Av. *Exe* —5F **3**
Pineridge Clo. *Exe* —2F **9**
Pines Rd. *Exm* —4E **21**
Pinhoe Rd. *Whip* —5C **4**
Pinhoe Trad. Est. *Exe* —3H **5**
Pinncourt La. *Exe* —2B **6**
Pinn Hill. *Exe* —2B **6**
Pinn La. *Exe* —3A **6**
Pinn Valley Rd. *Exe* —3B **6**
Pinwood La. *Exe* —2F **5**
Pinwood Mdw. Dri. *Exe* —2F **5**
Pippin Clo. *Exe* —6G **5**
Plassey Clo. *Exe* —2B **4**
Playmoor Dri. *Exe* —3A **6**
Plaza, The. *Exe*
—2H **9** (5A **26**)
Plumtree Dri. *Exe* —2F **11**
Point Ter. *Exm* —3A **22**
Polehouse La. *Ide* —6E **9**
Politimore Sq. *Exe* —5A **4**
Polsloe Rd. *Exe* —5C **4**
Poplar Clo. *Exe* —3G **9**
Poplar Clo. *Exm* —4F **21**
Poplar Row. *Bud S* —5F **25**
Poplars, The. *Exe* —2A **6**
Poppy Clo. *Exe* —4D **2**
Portland Av. *Exm* —3D **22**
Portland St. *Exe* —6C **4**
Portmer Clo. *Exm* —4G **21**
Post Office St. *Exe*
—6A **4** (2D **26**)
Pottles Clo. *Exmin* —5A **16**
Pound Clo. *Top* —2E **17**
Pound La. *Exm* —5D **20**
Pound La. *Top* —2E **17**
Pound La. *Wood* —5G **19**
Pound La. Trad. Est. *Exm*
—6E **21**
Pound St. *Exm* —3C **22**
Powderham Clo. *Top* —2E **17**
Powderham Cres. *Exe* —4B **4**
Powderham Rd. *Exe* —2G **9**
Premier Pl. *Exe* —1B **10**

Prescot Rd. *Exe* —1E **9**
Preston St. *Exe* —1H **9** (4B **26**)
Pretoria Rd. *Exe* —5D **4**
Priddis Clo. *Exm* —4E **21**
Pridhams Way. *Exmin* —4A **16**
Priestley Av. *Exe* —4F **5**
Primrose Lawn. *Exe* —4D **2**
Prince Charles Clo. *Exm*
—6G **21**
Prince Charles Rd. *Exe* —4C **4**
Prince of Wales Dri. *Exm*
—1F **23**
Prince of Wales Rd. *Exe* —4H **3**
Princesshay. *Exe*
—6A **4** (2C **26**)
Prince's Sq. *Exe*
—2G **9** (6A **26**)
Princes St. *Exm* —3C **22**
Prince's St. E. *Exe*
—3G **9** (6A **26**)
Prince's St. N. *Exe* —2G **9**
Prince's St. S. *Exe* —3G **9**
Prince's St. W. *Exe* —3G **9**
Priory Rd. *Exe* —4C **4**
Prison La. *Exe* —5A **4**
Prospect Gdns. *Exe* —5C **4**
Prospect Pk. *Exe* —4B **4**
Prospect Pl. *Exe* —2G **9**
Puckridge Rd. *Exe* —2H **5**
Puffin Way. *Exe* —3D **8**
Pulling Rd. *Exe* —2H **5**
Pulpit Wlk. *Exe* —1E **15**
Purcell Clo. *Exe* —1G **11**
Pynes Hill. *Ryd L* —4G **11**
Pytes Gdns. *Cly G* —1A **18**

Quadrant, The. *Exe* —1B **10**
Quarries, The. *Exe* —2D **8**
Quarry La. *Exe* —1F **11**
Quarry Pk. Rd. *Exe* —2G **11**
Quay Bri. *Exe* —1H **9** (4B **26**)
Quay Hill. *Exe* —1H **9** (4B **26**)
Quay House Visitor Centre.
—1A **10** (4C **26**)
Quay La. *Exe* —1A **10** (4C **26**)
Quay Steps. *Exe* —4C **26**
Quay, The. *Exe*
—1A **10** (4C **26**)
Queen's Ct. *Exe* —3C **22**
(off Queen St.)
Queen's Cres. *Exe* —5A **4**
Queen's Dri. *Exm* —4D **22**
Queens Dri., The. *Exe* —4H **3**
Queensland Dri. *Exe* —2C **4**
Queen's Rd. *Bud S* —3D **24**
Queen's Rd. *Exe*
—3G **9** (6A **26**)
Queen's Ter. *Exe* —5H **3**
Queen St. *Bud S* —5E **25**
Queen St. *Exe* —5H **3** (1B **26**)
Queen St. *Exm* —3C **22**
Quintet Clo. *Exe* —1G **11**

Rackclose La. *Exe*
—1H **9** (3A **26**)
Rackfield Cotts. *Exe* —4F **3**
Rack St. *Exe* —1H **9** (3B **26**)
Raddenstile Ct. *Exm* —3D **22**

34 A-Z Exeter

Raddenstile La.—Somerset Av.

Raddenstile La. *Exm* —3D **22**
Radford Rd. *Exe*
    —1A **10** (4D **26**)
Radnor Pl. *Exe* —1B **10**
Ragg La. *Bud S* —5E **25**
Raglans. *Exe* —6A **10**
Railway Cotts. *Exe* —6G **5**
Raleigh Ct. *Bud S* —3F **25**
Raleigh Rd. *Bud S* —4F **25**
Raleigh Rd. *Exe* —1B **10**
Randell's Grn. *Exm* —3G **23**
Raven Clo. *Exe* —3A **4**
Rayleigh Rd. *Exm* —3C **22**
Rayners. *Kennf* —6C **14**
Read Clo. *Exe* —6E **21**
Rectory Dri. *Alp* —6H **9**
Rectory Gdns. *Cly G* —2A **18**
Redcliff Ct. *Bud S* —5E **25**
Red Cow Village. *Exe* —4G **3**
Reddaway Dri. *Exmin* —3H **15**
Redhills. *Bud S* —5E **25**
Redhills. *Exe* —1F **9**
Redhills Clo. *Exe* —6E **3**
Redlands Clo. *Exe* —4E **5**
Red Lion La. *Exe* —5B **4**
Redvers Rd. *Exe* —1G **9**
Redwood Clo. *Exm* —4F **21**
Regency Cres. *Exm* —3E **23**
Regent's Pk. *Exe* —6C **4**
  (in two parts)
Regent Sq. *Hea* —1D **10**
Rennes Dri. *Exe* —3A **4**
Renslade Ho. *Exe* —4A **26**
Retail Pk. Clo. *Exe* —3H **9**
Retreat Dri., The. *Top*
    —2D **16**
Retreat Rd. *Top* —3E **17**
Rews Mdw. *Exe* —3B **6**
Rews Pk. Dri. *Exe* —3B **6**
Rexona Clo. *Exe* —4G **9**
Reynolds Ct. *Exe* —3H **5**
Ribston Av. *Exe* —6G **5**
Ribston Clo. *Exe* —6G **5**
Rices M. *Exe* —3G **9**
Richard Clo. *Exm* —5F **21**
Richmond Rd. *Exe*
    —6H **3** (1A **26**)
Richmond Rd. *Exm* —2F **23**
Ridgeway. *Exe* —1G **3**
Rifford Rd. *Exe* —2E **11**
Ringswell Av. *Exe* —6G **5**
Ringswell Pk. *Exe* —1G **11**
Ripon Clo. *Exe* —6E **3**
River Front. *Ext* —6H **17**
Rivermead Av. *Exmin* —5C **20**
Rivermead Rd. *Exe* —3B **10**
Riverside Clo. *Exe* —4C **26**
Riverside Rd. *Top* —2E **17**
Riversmeet. *Top* —5G **17**
Rivers Wlk. *Exe* —1C **16**
Riverview. *Exmin* —5B **16**
Riverview Dri. *Exe* —4F **3**
Riviera Ter. *Exmin* —5B **16**
Roberts Clo. *Exe*
    —1A **10** (4D **26**)
Roche Gdns. *Exe* —6E **11**
Rockside. *Exe* —6G **3**
Rockside Vs. *Exe* —6G **3**
Rodney Clo. *Exm* —2H **23**
Rolle Cotts. *Bud S* —3B **24**

Rolle Rd. *Bud S* —5E **25**
Rolle Rd. *Exm* —3C **22**
Rollestone Cres. *Exe* —2C **4**
Rolle St. *Exm* —3C **22**
Rolle, The. *Bud S* —5E **25**
Rolle Vs. *Exm* —3C **22**
Roly Poly Hill. *Exe* —4E **9**
Romsey Dri. *Exe* —1C **10**
Rosebank Cres. *Exe* —3B **4**
Rosebarn Av. *Exe* —3B **4**
Rosebarn La. *Exe* —2B **4**
Rosebery Rd. *Exe* —4C **4**
Rosebery Rd. *Exm* —1C **22**
Roseland Av. *Exe* —6E **5**
Roseland Cres. *Exe* —6E **5**
Roseland Dri. *Exe* —1E **11**
Rosemary St. *Exe* —1F **9**
Rosemont Clo. *Exe* —5H **9**
Roseway. *Exm* —1H **23**
Rosewood Cres. *Cly M*
    —4G **13**
Rosewood Ter. *Exe* —4B **4**
Ross Clo. *Exe* —3B **6**
Rougemont Castle.
    —6A **4** (4C **26**)
Rougemont Ct. *Exmin* —4H **15**
Roundhill Clo. *Exe* —1G **3**
Roundhouse La. *Exm* —5D **20**
Round Table Meet. *Exe* —3E **5**
Rowan Cft. *Exe* —6D **4**
Rowan Way. *Exe* —5F **3**
Rowhorne Rd. *Nadd* —2A **2**
Rowlstone Clo. *Exm* —4E **21**
Royal Albert Memorial Museum
  & Art Gallery. —6H **3** (1B **26**)
Royal Av., The. *Exm* —2B **22**
Royal Clo. *Exe* —1D **14**
Royston Ct. *Exe* —4G **5**
Rugby Rd. *Exe* —2G **9**
Rushforth Pl. *Exe* —4E **3**
Russell St. *Exe* —6B **4**
Russell Ter. *Exe*
    —6H **3** (1A **26**)
Russell Way. *Exe* —3G **11**
Russet Av. *Exe* —6G **5**
Russet Clo. *Exe* —6G **5**
Rutherford St. *Exe* —2E **11**
Rydon La. *Exe* —5F **11**
Rydon La. *Ext* —6B **18**
Rydon Pk. Cvn. Pk. *Ryd L*
    —2H **11**
Ryll Clo. *Exm* —2D **22**
Ryll Ct. Dri. *Exm* —2D **22**
Ryll Gro. *Exm* —2D **22**
Ryll La. *Bud S* —5F **25**

Sadler Clo. *Exm* —1G **23**
St Albans Clo. *Exe* —6E **3**
St Andrew's Rd. *Exe* —1E **3**
St Andrew's Rd. *Exm* —3B **22**
St Annes Rd. *Exe* —5C **4**
St Bernards Clo. *Exe* —2B **10**
St Clememts La. *Exe* —5G **3**
St Davids Hill. *Exe*
    —5G **3** (1A **26**)
St Davids Ter. *Exe*
    —6H **3** (1A **26**)
St Georges Hall & Market.
    —6A **3** (3B **26**)

St George's Ter. *Shi S* —4A **14**
St German's Rd. *Exe* —4A **4**
St Hill Clo. *Exe* —4G **9**
St Ida's Clo. *Ide* —5D **8**
St James' Clo. *Exe* —5B **4**
St James' Rd. *Exe* —5B **4**
St James' Ter. *Exe* —5B **4**
St John's Rd. *Exe* —5C **4**
St John's Rd. *Exm* —6F **21**
St Johns Vs. *Exe* —1D **10**
St Katherine's Rd. *Exe* —4E **5**
St Lawrence Cres. *Exe* —6H **5**
St Leonard's Av. *Exe*
    —2A **10** (5D **26**)
St Leonards Pl. *Cly M* —3C **12**
St Leonard's Pl. *Exe* —1B **10**
St Leonard's Rd. *Exe* —2B **10**
St Loves Ter. *Exe* —2E **11**
St Loyes Rd. *Exe* —1E **11**
St Margaret's Vw. *Exm*
    —2H **23**
St Mark's Av. *Exe* —5D **4**
St Mary's Arches. *Exe*
    —6H **3** (2B **26**)
St Mary's Steps Ter. *Exe*
    —3B **26**
St Matthews Clo. *Exe* —6B **4**
St Michaels Clo. *Cly H* —4F **7**
St Michaels Clo. *Exe* —5H **9**
St Michaels Hill. *Cly H* —4F **7**
St Michael's M. *Exe* —1A **26**
St Nicholas Priory. —3A **26**
St Olaves Clo. *Exe*
    —1H **9** (3B **26**)
St Peter's Cathedral.
    —6A **4** (2C **26**)
St Peter's Mt. *Exe* —6D **2**
St Petrocks Clo. *Exe* —1B **10**
St Sevan Way. *Exm* —4G **21**
St Sidewells Av. *Exe* —5A **4**
St Thomas Cen. *Exe* —2G **9**
St Thomas M. *Exe* —2G **9**
Salem Pl. *Exe* —5B **4**
Salisbury Rd. *Exe* —4C **4**
Salisbury Rd. *Exm* —2C **22**
Salter's Ct. *Exe* —2E **11**
Salter's Rd. *Exe* —2E **11**
Salterton Rd. *Exm* —3D **22**
  (in two parts)
Salting Hill. *Bud S* —5G **25**
Salutary Mt. *Hea* —1D **10**
Sampson's Hill. *Shi S* —4B **14**
Sampsons La. *Exe* —5C **4**
Sanders Rd. *Exe* —5B **4**
Sandfords. *Kennf* —6D **14**
Sandford Wlk. *Exe* —6B **4**
Sandpiper Ct. *Exe* —3H **5**
Sandpiper Dri. *Ext* —6A **18**
Sandpiper Grn. *Exe* —2D **8**
Sannerville Way. *Exmin*
    —2A **16**
Sargent Clo. *Exe* —6G **5**
Sarlsdown Rd. *Exm* —2F **23**
Saville Rd. *Exe* —1F **9**
Savoy Hill. *Exe* —2E **5**
Saxon Av. *Exe* —2A **6**
Saxon Rd. *Exe* —6D **4**
Scarsdale. *Exm* —4E **23**
School Hill. *Lymp* —2A **20**
School La. *Exe* —5E **11**

School La. *Exm* —6D **20**
School Rd. *Exe* —2G **9** (6A **26**)
Schooner's Ct. *Exm* —3A **22**
Scott Av. *Exe* —3D **10**
Scott Dri. *Exm* —5D **20**
Scratch Face La. *Exe* —4B **8**
Seabrook Av. *Exe* —1C **16**
Seafield Av. *Exm* —5C **20**
Second Av. *Exe* —6D **4**
  (EX1)
Second Av. *Exe* —1C **16**
  (EX2)
Sedgeclaire Clo. *Exe* —3B **6**
Senate Ct. *Exm* —6G **21**
  (off Senate Way)
Senate Way. *Exm* —6F **21**
Sentrys Orchard. *Exmin*
    —5B **16**
Serge Ct. *Exe* —1H **9** (4B **26**)
Setting Sail Exhibition.
    —2A **10** (5C **26**)
Seymour Ct. *Exm* —5D **20**
Seymour Rd. *Exm* —5D **20**
Shackleton Clo. *Exm* —5D **20**
Shaftesbury Rd. *Exe* —2G **9**
Shakespeare Rd. *Exe* —3D **10**
Shakespeare Way. *Exm*
    —3E **21**
Sharpes Ct. *Exm* —3A **22**
Shearman Ct. *Exe*
    —1H **9** (4B **26**)
Shelley Clo. *Exe* —4G **9**
Shelley Ct. *Exm* —3A **22**
Shelly Rd. *Exm* —3A **22**
  (in two parts)
Shelton Pl. *Hea* —6D **4**
Sheppard Rd. *Exe* —2B **4**
Sheppards Row. *Exm* —2C **22**
Sherbrook Clo. *Bud S* —5D **24**
Sherbrook Hill. *Bud S* —5D **24**
Shercroft Clo. *Broad* —2G **7**
Sheridan Rd. *Exe* —4G **5**
Sherwood Clo. *Exe* —1D **10**
Sherwood Dri. *Exm* —4F **21**
Shillingford La. *Kennf* —4C **14**
Shillingford Rd. *Exe* —1C **14**
Ship La. *Cly H* —4F **7**
Shirley Clo. *Exm* —3F **21**
Shortwood Clo. *Bud S* —3D **24**
Shortwood La. *Bud S* —1B **24**
Shrubbery, The. *Top* —3F **17**
Shute Mdw. St. *Exm* —2C **22**
  (off Meadow St.)
Sidmouth Rd. *Exe* —1G **11**
Sidwell St. *Exe* —6A **4** (1D **26**)
Silverbirch Clo. *Exe* —3E **6**
Silverdale. *Exm* —4G **21**
Silver La. *Exe* —5B **4**
Silver Ter. *Exe* —5G **3** (1A **26**)
Silverton Rd. *Mar B* —6B **10**
Simey Clo. *Exe* —5F **3**
Sir Alex Wlk. *Top* —2D **16**
Sivell Pl. *Exe* —1D **10**
Sleepy Hollow. *Exe* —1C **16**
  (off Newport Pk.)
Smithfield Rd. *Exe* —6G **9**
Smythen St. *Exe*
    —1H **9** (3B **26**)
Solar Cres. *Exe* —2F **9**
Somerset Av. *Exe* —2E **9**

A-Z Exeter 35

Somerville Clo.—Vine Clo.

Somerville Clo. *Exm* —6F **21**
South Av. *Exe* —6C **4**
Southbrook Rd. *Exe* —4E **11**
Southernhay E. *Exe*
—1A **10** (3C **26**)
Southernhay Gdns. *Exe*
—6A **4** (2D **26**)
Southernhay W. *Exe*
—1A **10** (3D **26**)
Southern Rd. *Exm* —1C **22**
Southern Wood. *Exm* —5G **21**
S. Farm Rd. *Bud S* —3F **25**
South Ga. *Exe* —1A **10** (4C **26**)
S. Grange. *Exe* —3H **11**
Southlands. *Exe* —6C **4**
S. Lawn Ter. *Exe* —6D **4**
S. Parade. *Bud S* —5F **25**
Southport Av. *Exe* —1E **9**
South St. *Exe* —6H **3** (4B **26**)
South St. *Exm* —3C **22**
S. View Ter. *Exe* —4B **4**
S. View Ter. *Exmin* —4B **16**
Sovereign Clo. *Exm* —6G **21**
Sowden La. *Lymp* —3A **20**
Sowton Ind. Est. *Sow I* —1A **12**
(in two parts)
Sowton La. *Sow* —5C **6**
Spacex Gallery. —3B **26**
Spencer Clo. *Exm* —5G **21**
Spenser Av. *Exe* —3D **10**
Spicer Rd. *Exe* —1B **10**
Spicer Rd. E. *Exe* —1B **10**
Spider's La. *Kenn* —4E **21**
(in two parts)
Spinney Clo. *Exe* —2G **11**
Springfield Rd. *Exe* —4B **4**
Springfield Rd. *Exm* —6D **20**
Spring Path. *Exe* —5B **4**
Spruce Clo. *Exe* —2F **5**
Spruce Clo. *Exm* —4F **21**
Spurway Hill. *Exmin* —5H **15**
Square, The. *Exe* —4F **3**
Staddon Clo. *Exe* —5F **5**
Stafford Rd. *Exe* —1F **9**
Stanford Rd. *Exe* —1G **11**
Stanley M. *Bud S* —4E **25**
Stanley Sq. *Exe* —4F **17**
Stanley Way. *Exm* —3F **21**
Stanwey. *Exe* —1E **11**
Staple's Bldgs. Exm —2C **22**
(off Parade)
Staples M. Exm —2C **22**
(off Exeter Rd.)
Star Barton La. *White* —1B **2**
Station Rd. *Broad* —1F **7**
Station Rd. *Bud S* —4E **25**
Station Rd. *Exmin* —5C **16**
(in two parts)
Station Rd. *Ext* —6A **18**
Station Rd. *Exw* —4F **3**
Station Rd. *Ide* —5C **8**
Station Rd. *Pin* —3A **6**
Station Rd. *Top* —3F **17**
Station Yd. *Exe* —6H **3** (1A **26**)
Steeple Dri. *Exe* —1D **14**
Stepcote Hill. *Exe*
—1H **9** (3B **26**)
Steps Clo. *Exe* —3B **6**
Stevenstone Rd. *Exm* —2F **23**
Stewart Clo. *Exm* —1G **23**

Stocker Rd. *Exe* —3H **3**
Stoke Hill. *Exe* —3C **4**
Stoke Hill Cres. *Exe* —3C **4**
Stokelyne. *Exm* —6E **21**
Stoke Mdw. Clo. *Exe* —2C **4**
Stoke Rd. *Exe* —1F **3**
Stoke Valley Rd. *Exe* —1B **4**
Stoneborough Ct. *Bud S*
—4F **25**
Stoneborough La. *Bud S*
—4F **25**
Stone La. *Exe* —3G **9**
Stone La. Retail Pk. *Mar B*
—3H **9**
Stoneyford Pk. *Bud S* —4F **25**
Stoney La. *Wood S* —2G **19**
Stover Ct. *Exe* —5B **4**
Strand. *Exm* —3C **22**
Strand. *Top* —4F **17**
Strand Ct. *Top* —4F **17**
Strand, The. *Lymp* —2A **20**
Strand Vw. *Top* —4F **17**
Stratford Av. *Exe* —4G **5**
Strawberry Av. *Exe* —6A **10**
Strawberry Hill. *Lymp* —2A **20**
Streatham Dri. *Exe* —4G **3**
Streatham Ri. *Exe* —4G **3**
Struges Rd. *Exm* —1F **23**
Stuart Rd. *Exe* —6D **4**
Sullivan Rd. *Exe* —1G **11**
Summer Clo. *Exe* —4F **5**
Summer Clo. *Exm* —1G **23**
Summerfield. *Wood* — 4G **19**
Summerlands St. *Exe* —5B **4**
Summer La. *Exe* —3F **5**
Summer La. *Exm* —4C **20**
Summerway *Exe* —4F **5**
Sunhill Av. *Top* —2F **17**
Sunhill La. *Top* —2F **17**
Sunnymoor Clo. *Exe* —3B **6**
Sunwine Pl. *Exm* —3D **22**
Surbiton Cres. *Exe* —2F **9**
Sussex Clo. *Exe* —2E **9**
Swains Ct. *Top* —3E **17**
Swains Rd. *Bud S* —3F **25**
Swallow Dri. *Exe* —3D **8**
Swallowfield Rd. *Exe* —4E **11**
Swan Yd. *Exe* —1G **9**
Sweetbrier La. *Exe* —6E **5**
Swiss Clo. *Exm* —4D **20**
Sycamore Clo. *Exe* —1F **11**
Sycamore Clo. *Exm* —5G **21**
Sydney Rd. *Exe* —2G **9** (6A **25**)
Sylvan Av. *Exe* —3B **4**
Sylvan Clo. *Exm* —5C **20**
Sylvania Dri. *Exe* —2C **4**
Sylvan Rd. *Exe* —3B **4**

Taddiforde Rd. *Exe* —5G **3**
Taddyforde Ct. *Exe* —4G **3**
Taddyforde Ct. Mans. *Exe*
—4G **3**
Taddyforde Est. *Exe* —4G **3**
Tamarisk Clo. *Exe* —2F **5**
Tan La. *Exe* —3H **9** (6B **26**)
Tappers Clo. *Top* —3F **17**
Tarbet Av. *Exe* —5D **4**
Taunton Clo. *Exe* —3G **9**
Tavistock Rd. *Exe* —5G **3**

Teazle Ct. *Exe* —1H **9** (4B **26**)
Tedburn Rd. *White* —6A **2**
Tedstone La. *Lymp* —1C **20**
Telford Rd. *Exe* —5G **3**
Temple Rd. *Exe*
—1A **10** (4D **26**)
Tennyson Av. *Exe* —3D **10**
Tennyson Way. *Exm* —4E **21**
Thackeray Rd. *Exe* —4G **5**
Third Av. *Exe* —6D **4**
(nr. First Av.)
Third Av. *Exe* —1C **16**
(nr. Moonridge)
Third Av. *Exe* —1H **11**
(nr. Nelson Way)
Thomas Clo. *Exm* —3E **21**
Thomas Ct. *Exm* —3C **22**
Thompson Rd. *Exe* —5E **5**
Thornberry Clo. *Exe* —6F **5**
Thorn Clo. *Exe* —6F **5**
Thorndale Ct. *Exe* —4D **2**
Thornfield Clo. *Exm* —5C **20**
Thornlea. *Exe* —5H **3**
Thornpark Ri. *Exe* —6F **5**
Thornton Clo. *Bud S* —5E **25**
Thornton Hill. *Exe* —4A **4**
Thorpe Av. *Exm* —4D **20**
Threecorner Pl. *Exe* —6A **10**
Thurlow Rd. *Exe* —4C **4**
Tidwell Clo. *Bud S* —3E **25**
Tidwell La. *Bud S* —1E **25**
Tidwell Rd. *Bud S* —3E **25**
Tin La. *Exe* —2G **9**
(off Churchfield Path)
Tintagel Clo. *Exe* —2E **5**
Tithebarn Copse. *Exe* —4B **6**
Tithebarn La. *Exe* —4B **6**
Tollards Rd. *Exe* —5E **11**
Topsham Museum. —4F **17**
Topsham Rd. *Exe*
—2B **10** (5D **26**)
Tor Clo. *Exe* —3E **5**
Toronto Ho. *Exe* —4C **4**
Toronto Rd. *Exe* —5B **4**
Tottons Ct. *Exe* —6G **9**
Towerfield. *Top* —1E **17**
Tower St. *Exm* —3C **22**
Tower Wlk. *Exe* —6A **10**
Townfield. *Exmin* —4A **16**
Towsington La. *Exmin*
—6H **15**
Trafalgar Pl. *Exe* —5B **4**
Trafalgar Rd. *Lymp* —1A **20**
Trafford M. *Exe* —3G **11**
Traverhes Clo. *Exm* —6D **20**
Trefusis Pl. *Exm* —4C **22**
Trefusis Ter. *Exm* —4C **22**
Tremford Ct. *Bud S* —4D **24**
Trentbridge Sq. *Exe* —2G **11**
Trent M. *Exm* —1G **23**
Tresillian Cotts. *Top* —5F **17**
Tresillian Gdns. *Exe* —4C **4**
Tresillian Gdns. *Top* —4F **17**
Trevena. *Cly M* —3C **12**
Trews Weir Reach. *Exe*
—2B **10**
Trigg M. *Top* —2E **17**
Trinfield Av. *Exm* —6D **20**
Trinity Ct. *Exe*
—1A **10** (3D **26**)

Trinity Rd. *Exm* —3A **22**
Tristan Clo. *Exe* —2E **5**
Trood La. *Matf* —2F **15**
Truro Dri. *Exe* —5E **3**
Truro Dri. *Exm* —3F **21**
Trusham Rd. *Mar B* —4A **10**
Tuckers Hall. —1H **9** (3A **26**)
Tuckfield Clo. *Exe* —2E **11**
Tudor Ct. *Exe* —1H **9** (3A **26**)
Tudor St. *Exe* —1H **9** (3A **26**)
Tuffrey Clo. *Exe* —4D **4**
Tugela Ter. *Cly M* —3C **12**
Turnbull Cres. *Wood* —6G **19**
Turner Av. *Exm* —2D **22**
Two Acre Ct. *Exe* —6G **9**
Two Stone La. *Kennf* —6A **14**

Underground Passages.
—4C **26**
Underhill. *Lymp* —3A **20**
Underhill Cres. *Lymp* —3A **20**
Underhill Ter. *Top* —3F **17**
Union Rd. *Exe* —4B **4**
Union St. *Exe* —2G **9** (5A **26**)
Union St. *Exm* —3C **22**
Uplands Dri. *Exe* —3E **5**
Up. Church St. *Exm* —3C **22**
Up. Paul St. *Exe*
—6H **3** (1B **26**)
Up. Stoneborough La. *Bud S*
—4E **25**
Up. West Ter. *Bud S* —4E **25**

Vachell Cres. *Exe* —1H **11**
Vale Rd. *Exm* —2F **23**
Vales Rd. *Bud S* —4F **25**
Valley Pk. Clo. *Exe* —2B **4**
Valley Rd. *Cly M* —4F **13**
Valley Rd. *Exe* —5F **3**
Valley Way. *Exm* —4G **21**
Vansittart Dri. *Exm* —4E **21**
Varco Sq. *Exe* —2G **11**
Vaughan Ri. *Exe* —6F **5**
Vaughan Rd. *Exe* —6F **5**
Veitch Gdns. *Exe* —1D **14**
Velwell Rd. *Exe* —5H **3**
Venny Bri. *Exe* —3H **5**
Verney St. *Exe* —5B **4**
Vernon Rd. *Exm* —5F **21**
Vestry Dri. *Exe* —6H **9**
Vicarage Gdns. *Exe* —2G **9**
Vicarage La. *Pin* —2A **6**
Victor Clo. *Exe* —1E **11**
Victoria Pk. Rd. *Exe* —2C **10**
Victoria Pl. *Bud S* —5E **25**
Victoria Pl. *Exm* —3C **22**
Victoria Rd. *Exe* —4B **4**
Victoria Rd. *Exm* —3B **22**
Victoria Rd. *Top* —3F **17**
Victoria St. *Exe* —4B **4**
Victoria Way. *Exm* —3B **22**
Victoria Yd. *Exe* —6H **3** (1B **26**)
Victor La. *Exe* —1E **11**
Victor St. *Exe* —1E **11**
Village Clo. *Exm* —2H **23**
Village Rd. *Wood S* —1G **19**
Village, The. *Cly M* —3C **12**
Vine Clo. *Exe* —1B **10**

36 A-Z Exeter

Vine Ho.—Zig Zag Path

Vine Ho. *Bud S* —4F **25**
Vision Hill Rd. *Bud S* —3F **25**
Vuefield Hill. *Exe* —3E **9**

Wagoners Way. *Exe* —4G **3**
Wallace Av. *Exe* —4F **5**
Wallclose La. *Bud S* —3H **25**
Walls Clo. *Exm* —5F **21**
Walnut Clo. *Exmin* —4A **16**
Walnut Gdns. *Exe* —5G **3**
Walnut Gro. *Exm* —2E **23**
Walnut Rd. *Exe* —4D **10**
Walpole Clo. *Exe* —3G **5**
Walton Rd. *Exe* —1G **11**
Wardrew Rd. *Exe* —1F **9**
Warneford Gdns. *Exm*
    —5G **21**
Warren Dri. *Bud S* —3F **25**
Warren La. *Exe* —5A **4**
Warwick Av. *Exe* —1G **11**
Warwick Rd. *Exe* —6G **5**
Warwick Way. *Exe* —4G **5**
Waterbeer St. *Exe*
    —6H **3** (2B **26**)
Watergate. *Exe*
    —1A **10** (4C **26**)
Water La. *Exe* —2H **9** (5B **26**)
Waterloo Rd. *Exe* —3G **9**
Waterside. *Exe* —2H **9** (5B **26**)
Waterslade La. *Cly H* —4G **7**
Watery La. *Bud* —4F **19**
Waverley Av. *Exe* —5A **4**
Waverley Rd. *Exm* —1C **22**
Waybrook Cotts. *Alp* —1D **14**
Waybrook Cres. *Exe* —6H **9**
Waybrook La. *Shi A* —2C **14**
Wayland Av. *Exe* —2B **10**
Wayside Cres. *Exe* —5F **5**
Wear Barton Rd. *Exe* —6F **11**
Wear Clo. *Exe* —1C **16**
Weavers Ct. *Exe* —4B **26**
Webber's Farm Cvn. Pk. *Wood*
    —5H **19**
Webley Rd. *Exe* —3F **9**
Weirfield Path. *Exe* —3B **10**
Weirfield Rd. *Exe*
    —2A **10** (5D **26**)
Welcombe St. *Exe*
    —2H **9** (6B **26**)
Wellington Clo. *Exe* —1H **11**

Wellington Rd. *Exe* —3G **9**
Wellpark Clo. *Exe* —1F **9**
Wells Clo. *Exm* —3G **21**
Well St. *Exe* —5B **4**
Wellswood Gdns. *Exe* —1E **9**
Wendover Way. *Exe* —4F **11**
Wentworth Gdns. *Exe* —2E **9**
Wesley Clo. *Exe* —3G **9**
Wesley Way. *Exe* —6H **9**
Wessex Clo. *Top* —2D **16**
Wessex Est. *Exe* —4G **3**
West Av. *Exe* —4A **4**
Westbourne Ter. *Bud S*
    —5D **24**
Westbrook Clo. *Exe* —4F **5**
Westcombe. *Alp* —6H **9**
W. Down La. *Exm* —2H **23**
Western Av. *Exe* —1D **16**
Western Rd. *Exe* —1G **9**
Western Way. *Exe* —1H **9**
    (in two parts)
Westfield. *Exmin* —5B **16**
Westfield Clo. *Bud S* —4E **25**
Westfield Rd. *Bud S* —4E **25**
W. Garth Rd. *Exe* —2G **3**
W. Grove Rd. *Exe* —1B **10**
W. Hill. *Bud S* —4D **24**
W. Hill Ct. *Bud S* —5D **24**
W. Hill Gdns. *Bud S* —5D **24**
W. Hill La. *Bud S* —4D **24**
Westlands. *Exm* —3E **23**
Westminster Clo. *Exm* —4F **21**
Westminster Rd. *Fxe* —6D **2**
Westown Rd. *Exe* —5B **8**
    (in two parts)
Westpoint. (Devon County
    Showground) —3F **13**
West St. *Exe* —1H **9** (3A **26**)
West Ter. *Bud S* —4E **25**
West Ter. *Exe* —6D **4**
W. View Ter. *Exe*
    —1H **9** (3A **26**)
Westward Dri. *Exe* —2D **22**
Westwood La. *Long* —2A **8**
Weycroft Clo. *Exe* —6H **5**
Wheatley Clo. *Exe* —1E **9**
Wheatley Ct. *Exe* —3B **26**
Wheatsheaf Way. *Exe* —5G **9**
Whiddon La. *Ide* —6B **8**
Whipton Barton Rd. *Exe*
    —5F **5**

Whipton La. *Exe* —1E **11**
Whipton Rd. *Exe* —4E **5**
Whipton Village Rd. *Exe*
    —4F **5**
Whitchurch Av. *Exe* —2F **11**
Whitebeam Clo. *Exe* —2F **5**
White Cross Rd. *Wood S*
    —2H **19**
Whitehill La. *Top* —6A **12**
White Lodge. Bud S —5F **25**
    (off Coastguard Rd.)
Whiteside Clo. *Exe* —2G **11**
Whitestones. *Exm* —3E **23**
White St. *Top* —4F **17**
Whitethorn Pk. *Exe* —1A **4**
Whiteway Dri. *Exe* —6F **5**
Whitman Clo. *Exm* —3E **21**
Whitycombe Way. *Exe* —4D **2**
Widecombe Way. *Exe* —3C **4**
Widgery Rd. *Exe* —4E **5**
Wilcocks Rd. *Exe* —3H **5**
Wilford Rd. *Exe* —1F **11**
Willey's Av. *Exe* —2H **9** (6A **26**)
Williams Av. *Exe*
    —2H **9** (5A **26**)
Willoughby Clo. *Exm* —4E **21**
Willow Av. *Exm* —4D **20**
Willow Ct. *Exe* —2E **11**
Willows, The. *Shi S* —4A **14**
Willow Wlk. *Exe* —4B **4**
Willsdown Rd. *Exe* —6A **10**
Wilmot Clo. *Exm* —6G **21**
Wilton Way. *Exe* —6H **5**
Wiltshire Clo. *Exe* —2E **9**
Winchester Av. *Exe* —5E **3**
Winchester Dri. *Exm* —3F **21**
Windermere Clo. *Exe* —6F **3**
Windsor Clo. *Exe* —5G **3**
Windsor Ct. *Exe* —6A **10**
Windsor Sq. *Exm* —2C **22**
Winkleigh Clo. *Exe* —4G **9**
Winslade Pk. Av. *Cly M*
    —4C **12**
Winston Rd. *Exm* —4G **21**
Wish Mdw. La. *Broad* —1F **7**
Withycombe Pk. Dri. *Exm*
    —5G **21**
Withycombe Rd. *Exm* —1C **22**
Withycombe Village Rd. *Exm*
    —1D **22**
Wonford Rd. *Exe* —1B **10**

Wonford St. *Exe* —2E **11**
Woodah Rd. *Exe* —1F **9**
Woodbine Ter. *Exe* —5H **3**
Woodbury Ct. *Exm* —3E **23**
Woodbury Rd. *Cly G* —1A **18**
Woodbury Vw. *Exe* —4G **9**
Woodfield Clo. *Exe* —5G **21**
Woodland Rd. *Exe* —5H **5**
Woodlands. *Bud S* —5C **24**
Woodlands Ct. *Exm* —4D **20**
Woodlands Dri. *Exm* —4D **20**
Woodlands Way. *Cly M*
    —3F **13**
Wood La. *Exm* —6F **21**
Woodleigh Clo. *Exe* —1G **3**
Woodstock Rd. *Exe* —1E **11**
Woodville Rd. *Exe* —3H **9**
Woodville Rd. *Exm* —1C **22**
Woodwater Cotts. *Exe* —3G **11**
Woodwater La. *Exe* —2E **11**
Woolaway Av. *Exmin* —4B **16**
Woolsery Av. *Exe* —4F **5**
Woolsery Clo. *Exe* —4F **5**
Woolsery Gro. *Exe* —4E **5**
Wordsworth Clo. *Exm* —4E **21**
Wotton Cotts. *Pin* —2G **5**
Wotton La. *Lymp* —2C **20**
Wreford's Clo. *Exe* —1F **3**
Wreford's Dri. *Exe* —1G **3**
Wreford's La. *Exe* —1G **3**
Wreford's Link. *Exe* —1G **3**
Wrentham Est. *Exe* —4B **4**
Wright's La. *Exm* —1H **21**
Wykes Rd. *Exe* —5D **4**
Wynards La. *Exe*
    —1A **10** (3D **26**)
Wyndham Av. *Exe* —6D **4**
Wynford Rd. *Exe* —3D **4**

Yeoford Way. *Exe* —6B **10**
Yew Tree Clo. *Exe* —3C **4**
Yew Tree Clo. *Exm* —4E **21**
York Clo. *Exm* —5G **21**
York Rd. *Exe* —5A **4**
York Ter. *Exe* —5B **4**

Zig Zag Path. *Bud S* —5D **24**

Every possible care has been taken to ensure that the information given in this publication is accurate and whilst the publishers would be grateful to learn of any errors, they regret they cannot accept any responsibility for loss thereby caused.

The representation on the maps of a road, track or footpath is no evidence of the existence of a right of way.

The Grid on this map is the National Grid taken from the Ordnance Survey map with the permission of the Controller of Her Majesty's Stationery Office.

Copyright of Geographers' A-Z Map Co. Ltd.

No reproduction by any method whatsoever of any part of this publication is permitted without the prior consent of the copyright owners.